KOMPASS

Radreiseführer

Tauernradweg

Genussmomente und lohnenswerte Schlenker
für Reise-Radler und E-Bike-Entdecker

Der Tauernradweg

Von den Hohen Tauern nach Passau
Mit Tauernradwegrunde

Von den höchsten Bergen der Ostalpen durch tiefe Täler, entlang blauer Seen und vorbei an der Festungsstadt Salzburg nach Passau am Inn.

Passau
DE
AT
Braunau
Salzburg
DE
AT
Bischofshofen
Zell am See
Vorderkrimml

Hier die Facts and Figures:

1200 Alpensteinböcke. Die stark gehörnten Ziegen können 3 Meter hoch aus dem Stand springen. Zum Vergleich: Die weltbesten Hochspringer schaffen 2,40 Meter – allerdings mit Anlauf.

43 Steinadler-Brutpaare: Mit 320 km/h im Sturzflug belegen sie hinter den Wanderfalken Platz 2 unter den schnellsten Tieren der Welt.

300 Dreitausender umfasst das 1.856 km² große Nationalpark-Gebiet.

280 Bartgeier (im gesamten Alpenraum): 1986 wurden in Rauris im Salzburger Land (Seite 50) die ersten zwei Jungvögel freigelassen. Bis heute zählte der Nationalpark 11 erfolgreiche Freilandbruten.

1,2 Kilo Fettreserven muss sich jedes einzelne der tausenden Murmeltiere anfressen, um den Winterschlaf in den Tauern zu überstehen. Das entspricht einem Drittel seines Körpergewichts.

342 Gletscher mit einer Gesamtfläche von 130 Quadratkilometern befinden sich im Nationalpark. Allerdings setzt ihnen der Klimawandel kräftig zu: Der größte Gletscher Österreichs, die Pasterze, hat seit 1856 mit 30 km² fast die Hälfte ihrer Fläche verloren.

20 Grad Celsius unter dem Gefrierpunkt ist die Lieblingstemperatur der 2 Millimeter kleinen Gletscherflöhe, welche die zahllosen Gletscher bewohnen.

Blick vom Gerlospass auf die Reichenspitzgruppe

Die Hohen Tauern

3000er im Blickfeld

Der Nationalpark Hohe Tauern wurde 1981 als erster Nationalpark Österreichs gegründet und zählt heute zu den größten Naturschutzgebieten Europas. Er zieht sich durch die drei österreichischen Bundesländer Kärnten, Tirol und Salzburg und ist Heimat der höchsten Gipfel und großflächigsten Gletscher des Landes.

Who is the biggest? Der Großglockner mit seinen 3.798 Metern ist der höchste Berg Österreichs. Und die Höhe macht's: Bei gutem Wetter kann man bis zu 220 Kilometer weit schauen, also nach Regensburg, zum Böhmerwald oder dem Ortler in Südtirol. Aber die Bergwelt der Hohen Tauern hat noch viel mehr zu bieten: Eine Vorstellung, wie artenreich die Alpen vor der Besiedelung der Höhen durch die Menschen gewesen sein mag.

Der Pinzgau: Tiefe Täler gepaart mit eindrucksvollen Bergen

Von Zell am See in das Alpenvorland

Auf dem Weg der einstigen Gletscher

Der Zeller See

Plattentektonik und Eiszeiten sind das Architektenteam der Alpen. Das Salzachtal ist da keine Ausnahme, aber ein besonders eindrückliches Alpental, das die Jahrmillionen alte Geschichte der Auffaltung der Alpen sehr augenscheinlich nacherzählen kann.

130 Kilometer lang ist das Flusstal, dessen Namen sich von der Salzach ableitet. Es erstreckt sich von Krimml bis kurz vor Hallein bei Salzburg. Die Salzach entspringt nördlich von Krimml unterhalb vom Salzachgeier und mündet bei der Ortschaft Haiming in den Inn. Die Auffaltung der tektonischen Platten ließ hohe Gebirgszüge und tiefe Täler entstehen. Die Eiszeiten mit ihren vorstoßenden und wieder schmelzenden Gletschern formten die Berge und Täler. Je nach der Härte des Gesteins mehr oder weniger. Den letzten Schliff bekam das Salzachtal vom Schmelzwasser der Gletscher, das unter der kiesigen Grundmoräne Flussläufe bildete, die sich im Laufe der Millionen von Jahren immer tiefer in das Gestein gruben. Es bildeten sich schmale, tiefe Schluchten oder kleine Beckenlandschaften – allesamt Zeugnis gewaltiger Kräfte.

Info: Entlang des Tauernradwegs kannst du dir die Liechtensteinklamm (Seiten 60 u. 148) und die Eisriesenwelt (Seiten 70 u. 151) ansehen und tief in die geologische Erdgeschichte der Alpen eintauchen.

Salzburg

Was die Stadt Salzburg so besonders macht? Mit aller Wahrscheinlichkeit der Mix aus Geschichte, Kultur und einer Lebensfreude, die man in einer solchen Konzentration nur selten an einem Ort findet. Da treffen Festspiele, Fine Dining, Tracht und Chucks aufeinander und ergeben „Soizbuag", die viertgrößte Stadt Österreichs.

Salzburg ist die Landeshauptstadt des gleichnamigen Bundeslands und hat ein wenig über 150.000 Einwohner. Prägend für die Stadt sind die Stadtberge, die durch das Stadtgebiet fließende Salzach und die von weitem sichtbare Festung Hohensalzburg – soviel zu den facts & figures. Einst ein römisches Lager an der Salzach, dann eine, durch den Handel mit Salz und Gold reich gewordene Marktstadt und schließlich ein prunkvolles Erzbistum: Salzburg ist eine Bilderbuchstadt in Sachen Zeitgeschichte.

Und dann war da natürlich Wolfgang Amadeus Mozart, der musikalische Überflieger des 18. Jahrhunderts, der Salzburg endgültig in die Neuzeit und die kulturelle Oberliga Europas spielte. Das merkt man auch heute noch. Nach dem 2. Weltkrieg blühte die Stadt als Handels-, Messe- und Tourismusstadt auf. Die sommerlichen Festspiele tragen ihr Übriges zur internationalen Bekanntheit bei. Und heute? Heute entdeckt man auf kleinstem Raum große Schätze: Ob Kunst, Kultur oder Kulinarik – per Pedes in der Salzburger Altstadt unterwegs wird wahrlich jedermann fündig.

Salzburg an der Salzach

Die Stadt unter der Festung

Unsere Tipps für einen Tag in Salzburg:

Die Gässchen: Die Getreidegasse lockt mit herausgeputzten Fassaden, tollen Läden und schicken Cafés, Bars und Restaurants. Empfehlenswert ist aber auch ein kleiner Umweg über die Steingasse. Die schlängelt sich parallel zu Imbergstraße und Giselakai am Kapuzinerberg entlang und ist mit ihren Kontrasten und morbidem Charme so ziemlich das Gegenteil der bekannten Getreidegasse. Da reihen sich leerstehende Ladenlokale an gut besuchte Bars und ein Bordell an ein feines Restaurant. Das Beste: Selbst im Sommer zur Hochtouristen-Zeit ist man dort immer so gut wie alleine.

Kunst & Design: Das Museum der Moderne auf dem Mönchsberg hat immer wieder geniale Ausstellungen, die man mit einem Brunch in einem der vielen tollen Salzburger Cafés super verbinden kann. Im Andräviertel gibt es einige Galerien, die man durchstöbern kann – einfach drauflosschlendern.

Der Ausblick: Die Festung Hohensalzburg ist die größte vollständig erhaltene Burg Mitteleuropas und daher auch die Top-Sehenswürdigkeit und das Wahrzeichen von Salzburg. Es ist nämlich bekanntlich so: Wer nicht auf der Festung war, war nicht in Salzburg. Außerdem bietet die Festung den besten Ausblick über die gesamte Stadt bis tief in das Alpenvorland. Bergab bietet sich die moderne Standseilbahn ruckzuck zurück in die Altstadt an.

Passau: Die Dreiflüssestadt

Braunau & Passau am Inn

Immer dem Fluss entlang

Die Barockstadt Schärding am Inn

Durch das Aufstauen des Inns im oberösterreichisch-bayerischen Grenzgebiet haben sich große Wasserflächen gebildet, die von Vögeln als neuer Lebensraum genutzt werden. Unzählige Arten brüten hier, darunter auch seltene wie der Nachtreiher und der Seeadler. Seit 1972 ist der Abschnitt von der Salzachmündung bei der Ortschaft Haiming bis zur Mündung der Rott bei Neuhaus unter Schutz gestellt. Er unterliegt der Ramsar-Konvention und ist Natura-2000-Gebiet.

Vorfreude...

Mit dem Zweirad aufzubrechen und aus eigener Kraft entlang des Radfernweges Land und Leute, Kultur- und Naturschätze zu entdecken, ist ein unvergleichliches Erlebnis. Damit dies gelingt, geben dir die nächsten Seiten eine Einführung zum Buch, wertvolle Tipps sowie Erfahrungswerte von Profis zu Tourenplanung und Checklisten. Außerdem gibt es hilfreiche Infos zur Beschilderung entlang des Radweges und zur Wegequalität.

ZUM RADREISEFÜHRER
Alles über die Kapitel, zu Highlights, Schlenker, Wissenswertes und über das Roadbook im Detail... **S.14 – 17**

GPX-TRACK & TOURENPLANUNG
Alle Infos zum Download der Hauptroute und wie man seine persönliche Radtour optimal plant... **S. 18 & 19**

ANREISE MIT DEM ZUG
Umweltfreundlich, ohne Parkprobleme und zusammen mit Freunden. Alle Informationen... **S. 20 & 21**

EXPERTENTIPP
Erfahrungswerte, Spezielles zum Elektrorad und die Checkliste vor jeder Fahrt von den Profis... **S. 22 & 23**

EINGEPACKT
Erfahrene Radreisende folgen dem Grundprinzip „Weniger ist mehr". Es gilt, den Spagat zwischen sinnvoller Ausrüstung und Gewicht bzw. Packvolumen zu meistern. Des Weiteren sollte systematisch und ausbalanciert gepackt werden. Es schafft Sicherheit und spart Zeit und Nerven. Die Checkliste...
S. 24 & 25

Zum Radreiseführer

Das Buch ist klar und einfach in zwei Teile gegliedert:
Reiseführer & Roadbook

Mit dabei sind ein Kontaktverzeichnis, eine große Extra-Karte und der GPX-Track zur Hauptroute.

Der Reiseführer und die Extra-Karte für den nötigen Überblick zeigen dir das „Rundherum" des Weges und nicht nur den Asphalt unter den Reifen. Hier werden die Stationen des Radwegs charmant beschrieben. Die Einteilung in **„Kapitel"** dient der großräumigen Orientierung. Dabei handelt es sich nicht um Empfehlungen für Tagesetappen. Die Wahl des Fahrrades, mit oder ohne Motorunterstützung und konditionelle Unterschiede erfordern eine individuelle Etappenplanung.

Jedes Kapitel beginnt mit einem illustrierten Höhen- und Streckenprofil zur schnellen Orientierung. Die Beschreibung greift nach und nach den landschaftlichen Charakter und die Sehenswürdigkeiten entlang der Hauptroute auf und vermittelt auf diese Weise ein Gefühl für die Umgebung. Unterbrochen wird der Text durch farblich hinterlegte Infoboxen.

Highlights am Wegesrand: Diese sind im Haupttext hervorgehoben und mit blauem Symbol durchnummeriert (siehe oben rechts). In grünen Infoboxen mit der entsprechenden Symbol-Nummer, wird das jeweilige Highlight detailliert beschrieben. Die Stadtpläne helfen bei der Orientierung an Ort und Stelle. Im Roadbook sind die Sehenswürdigkeiten mittels Symbol-Nummer verortet.

Highlights am Wegesrand **1**

Lohnenswerte Schlenker **2**

Wissenswertes im Gepäck

Lohnenswerte Schlenker: Neben den Highlights sind im Text auch abseits vom Radweg gelegene Sehenswürdigkeiten als Lohnenswerte Schlenker ausgewiesen. Denn häufig zahlen sich kleinere oder größere Abstecher von der Hauptroute aus, um interessante Orte und Geheimtipps fernab des Trubels für sich zu entdecken. Die Kennzeichnung im Text sowie in der dazugehörigen Infobox und im Roadbook erfolgt ebenfalls über die entsprechende Symbol-Nummer.

Wissenswertes über lokale und regionale historische, landschaftliche oder kulturelle Gegebenheiten wird an vielen Stellen in roten Infoboxen vermittelt. Am Ende eines jeden Kapitels folgt ein **Kulinarischer Abzweig**.

Roadbook: Detailkarten und exakte Wegbeschreibung

GPX-Track: die Hauptroute für die digitale Navigation

Extra-Karte: maximale Übersicht und Planungsinstrument

Das Roadbook enthält die Detailkarten mit eingezeichneter Hauptroute und die dazugehörige Streckenbeschreibung. Stellenweise können mehrere offizielle Varianten des Radwegs existieren. Unsere Autoren haben die Schönste als Hauptroute gewählt und als rote Linie dargestellt. Es ist möglich, dass diese Route punktuell vom offiziellen Verlauf abweicht, um verkehrsreiche Abschnitte zu umfahren oder besondere Highlights entlang der Strecke aufzunehmen. Das Roadbook ist an die aktuellen Bedingungen rund um den Radweg angepasst. Die mittlerweile gute bis hervorragende Beschilderung der beliebtesten Radwege sowie die häufig offiziell erhältlichen Radwege-Apps und digitalen Wegverläufe erlauben es, das Roadbook auf das Wesentliche zu reduzieren und dadurch eine optimale Übersichtlichkeit zu erreichen.

Linien: Unsere Hauptroute wird als durchgezogene rote Linie abgebildet. Ausgewählte Varianten werden als rot gestrichelte Linie dargestellt. Lohnenswerte Schlenker entsprechen der grünen Linie und zweigen von der Hauptroute ab. Maßstabsbedingt können nicht alle Schlenker im Roadbook abgebildet werden.

Wegpunkte: Der Text und die Kartografie sind über die Wegpunkte miteinander verbunden. Schwarze Kreise mit weißer Zahl beschreiben die Hauptroute. Grüne Wegpunkte erläutern den Verlauf der Lohnenswerten Schlenker.

Zusatzinformationen im Roadbook und in den Stadtplänen

(rote Linie)	Hauptroute	(rot gestrichelte Linie)	Variante
5	Kilometrierung	(grüne Linie)	Lohnenswerter Schlenker
‹ «‹	Steigung, starke Steigung		
1 1	Wegpunkte Hauptroute/Lohnenswerte Schlenker		

Kilometrierung: Die Hauptroute ist vom Start bis zum Ziel fortlaufend in regelmäßigem Abstand mittels weißer Kilometerangabe in rotem Kreis beschildert. An jedem Ort ist die bereits zurückgelegte Strecke problemlos ablesbar und die Anschlusskarte schnell gefunden. Steigungspfeile entlang der Route markieren steilere Abschnitte in oder entgegen der Fahrtrichtung. Die Variante „Tauernradwegrunde“ ist mit einer separaten blauen Kilometrierung versehen.

Sehenswürdigkeiten: Soweit möglich sind die im Reiseführer beschriebenen Highlights und Schlenker im Roadbook mit blauem Symbol und weißer Nummer verortet. Darüber hinaus enthalten die Karten viele weitere Hinweise zu touristischen Attraktionen und landschaftlichen Besonderheiten entlang des Radweges. Die vollständige Kartenlegende befindet sich auf der hinteren Klappe.

Aktuelles: Hochwasser- oder baustellenbedingte Umleitungen sind in der Regel gut ausgeschildert und werden ebenso wie die aktuellsten Verkehrsinformationen, Hinweise und Sicherheitsmaßnahmen auf den offiziellen Seiten des Radwegs und der Touristinformationen kommuniziert. Hilfreiche Adressen und Kontakte finden sich auf den nächsten Seiten und bei den Reiseinfos im Anhang.

GPX-Track & Tourenplanung

Den GPX-Track zur Hauptroute des Roadbooks gibt es hier zum Download:

www.kompass.de/gpx

Für die Planung einer Radtour und der einzelnen Tagesetappen sollte man sich genügend Zeit nehmen. Mache dich mit deiner Tour vertraut und wähle deine persönlichen Highlights aus. Dort wirst du bestimmt mehr Zeit verbringen wollen. Mit großer Sicherheit wirst du auch unterwegs auf den einen oder anderen Ort treffen, an dem du ungeplant verweilen möchtest.

Ohne große Erfahrung mit mehrtägigen Radtouren sollte man eher kürzere Etappen einplanen. Wenn man sein Konditionslevel nicht kennt, ist es hilfreich, vorab einzelne Tagesausflüge mit seinem beladenen Tourenrad zu unternehmen. Dabei sollte man möglichst ohne große Anstrengung fahren, da es auf die Ausdauer und nicht auf die Geschwindigkeit ankommt. So wird schnell klar, bei welcher durchschnittlichen Tages-Kilometer-Leistung die eigene Komfortzone liegt und was die Stärken und Schwächen des Rades und der Sitzposition sind. Des Weiteren gilt es, regelmäßig Pausen einzuplanen und evtl. einen Ruhetag an einem lohnenswerten Ziel.

Wie viele Kilometer schafft man? Pauschal kann dies nicht gesagt werden, da zu viele Faktoren eine Rolle spielen wie u.a. die eigene Kondition, das Gepäck, die zu überwindenden Höhenmeter oder auch das Wetter. Starker Gegenwind kann die Durchschnittsgeschwindigkeit halbieren. Mit dem E-Bike kann die Distanz schnell um 20-30% oder sogar 50% und mehr gesteigert werden. Eigene Probefahrten schaffen Gewissheit und helfen, die persönliche Durchschnittsgeschwindigkeit und eine realistische reine Fahrzeit exklusive Pausen für sich zu ermitteln. Damit ist die Tages-Kilometer-Leistung schnell berechnet. Die nachfolgende Auflistung zeigt Erfahrungswerte, also Tages-Distanzen in Abhängigkeit vom Konditionslevel für Radtouren in ebenem bis mäßig hügeligem Gelände und dient der groben Orientierung:

<30 km = relativ einfach (Anfänger und Etappen mit Kindern)
30-40 km = gemütlich (häufige Pausen und größere Gruppen)
40-50 km = durchschnittlich (ab 50 km sind Sportliche schon gut dabei)
50-80 km = erhöhte Kondition (bereits nach leichtem Training machbar)
80-120 km = gute Kondition (mit viel Gepäck benötigt man für 120 km den ganzen Tag)
> 120 km = sehr gute Kondition

Plan B: Sollte man sich bei der Etappenlänge verplant haben, so stehen häufig regionale Fahrradtaxi-Unternehmen, Fähren, Bus und Bahn zur Verfügung (Kontakt über Touristinformationen und die offizielle Radwegseite). Im Notfall kann immer eine alternative Unterkunft gewählt werden.

Anreise mit dem Zug

Umweltfreundlich, mit Freunden als Gruppe und ohne Stau. Mit genügend Vorlaufzeit und Planung gelingt die An- & Abreise per Zug problemlos. Die Frage, wie man nach der Radtour das am Start abgestellte Auto erreicht, stellt sich erst gar nicht. Informationen bieten die folgenden Adressen:

Zentrale Service-Hotline der DB:

0180 6 99 66 33

(20 Cent/Anruf aus dem Festnetz, Mobilfunk max. 60 Cent/Anruf.)

Informationen zur Fahrradmitnahme, -versand und -miete. Sowie Buchung bzw. Reservierung von Tickets und Stellplätzen.

Zentrale Service-Hotline der ÖBB:

+43 (0)5 17 17

(Gebührenpflichtig. Die Höhe der Gebühr richtet sich ausschließlich nach dem jeweiligen Festnetz- oder Mobilfunkvertrag des Anrufers. Die ÖBB verrechnen keine zusätzlichen Kosten.)

Alle Informationen über die Mitnahme vom Fahrrad bei der Deutschen Bahn: https://www.bahn.de/p/view/service/fahrrad/bahn_und_fahrrad.shtml

Tipps der DB, um die Bahnreise mit dem Fahrrad zu erleichtern: https://inside.bahn.de/checkliste-fahrradmitnahme-bahn/

Informationen über die Fahrradmitnahme in den Zügen der Österreichischen Bundesbahnen: https://www.oebb.at/de/reiseplanung-services/im-zug/fahrradmitnahme

Der ADFC informiert zum Reisen mit Bahn und Rad: https://www.adfc.de/auf-tour/#fahrrad-transport/!141

Tipp vom Experten

Die Profis von Diamant blicken auf eine über 135-jährige Geschichte zurück. Für uns haben sie das Wichtigste zusammengeschrieben, damit die Fahrradtour gelingt.

Checkliste vor jeder Fahrt:

✓ Lenker und Vorbau kontrollieren
✓ Laufräder prüfen (Reifendruck, Befestigung etc.)
✓ Bremsen testen (Bremsbelag, Scheiben, Felgen etc.)
✓ Kettenspannung überprüfen
✓ Sattel (Sitz) und Sattelstütze kontrollieren
✓ Federung prüfen und Wartungsintervall checken
✓ Beleuchtung und Reflektoren sicherstellen
✓ Rahmen und Gabel begutachten
✓ Akku beim Elektrorad prüfen
✓ Pannenset & Kompatibilität kontrollieren

Die Länge einer Tagesetappe hängt von vielen Faktoren ab. Insbesondere von der eigenen Kondition, der Motivation, den Wetter- und Wegebedingungen und natürlich auch von den Wegbegleitern. Greift man auf ein Elektrorad zurück, sind weitere Faktoren zu beachten. Es ist sowohl vor Antritt als auch während einer Fahrt schwierig, die Reichweite der Akkuladung exakt vorherzusagen. Allgemein gilt jedoch:
Bei gleichem Unterstützungslevel des E-Bike-Antriebs: Je weniger Kraft du einsetzen musst, um eine bestimmte Geschwindigkeit zu erreichen (z.B. durch optimales Benutzen der Schaltung), umso weniger Energie wird der Antrieb verbrauchen und umso größer wird die Reichweite einer Akkuladung sein. Je höher der Unterstützungslevel bei ansonsten gleichen Bedingungen gewählt wird, umso geringer ist die Reichweite.

Spezielles zum Elektrorad

- Ganz wichtig: Mach dir bewusst, dass andere Verkehrsteilnehmer womöglich nicht damit rechnen, dass ein Elektrorad schneller fahren kann als ein herkömmliches Fahrrad. Außerdem erhöht eine schnellere Geschwindigkeit das Unfallrisiko.
- Überlaste den hinteren Gepäckträger nicht. Die maximal erlaubte Zuladung des hinteren Gepäckträgers beträgt 20 - 25 kg.
- Reinige das E-Bike niemals mit einem Hochdruckreiniger. Die elektrischen Komponenten sind feuchtigkeitsempfindlich. Unter Hochdruck auftreffendes Wasser kann in Steckverbindungen und andere Teile des Elektrosystems eindringen.
- Akku vor längerer Nichtbenutzung auf bis etwa 60% aufladen (normalerweise 3 bis 4 LEDs der Ladezustandsanzeige). Nach 6 Monaten den Ladezustand prüfen. Leuchtet nur noch eine LED der Ladezustandsanzeige, Akku wieder auf bis etwa 60% aufladen.
- Es ist nicht empfehlenswert, den Akku dauerhaft am Ladegerät angeschlossen zu lassen.
- Wird der Akku längere Zeit in leerem Zustand aufbewahrt, kann er trotz der geringen Selbstentladung beschädigt und die Speicherkapazität stark verringert werden.

Eingepackt

Was muss mit? Diese Packliste beantwortet die Frage. Individuelle Anpassungen sind erforderlich, da jede Radreise einzigartig ist. Beutel und Packsäcke sorgen für Ordnung in den Packtaschen.

NAVIGATION
Kartenmaterial, Radreiseführer
Handy (Ladekabel, Akkus)
GPS-Fahrradcomputer (Ladekabel, Akkus prüfen)

ALLGEMEINES
Ausweise, Papiere, Telefonnummern
Reisedokumente
Bargeld / EC-Karte / Kreditkarte
Stift & Notizbuch
Stirnlampe / Taschenlampe (Ladekabel, Akkus prüfen)
Wasserdichte Schutzhüllen für Handy und Wertsachen
Powerbank (mobile Stromversorgung)

FAHRRADSPEZIFISCH
Tacho / Fahrradcomputer
Getränkeflasche / Schlauch-Trinksystem
Fahrradlicht vorne & hinten
Fahrradwerkzeug für Standardreparaturen & Flickzeug
Ersatzschlauch & Reifenheber
Luftpumpe, Lappen
Schloss
E-Bike-Ladegerät nicht vergessen!

NOTIZEN

KLEIDUNG & SCHUTZ
Tages- & Wechselkleidung
Gepolsterte Radunterhose
Leichte Isolationsjacke
Regenjacke und Regenhose
Schlafzeug, Badezeug
Radtourenschuhe
Wechselschuhe oder Sandalen
Sport-, Sonnenbrille (bruchsicher)
Helm (gesetzliche Helmpflicht in Österreich für Kinder unter 12 Jahren)
Unterhelmstirnband / -mütze
Schlauchtuch / Buff
Fahrradhandschuhe

REISEAPOTHEKE
Erste-Hilfe-Set (inkl. persönliche Medikamente)
Desinfektionsmittel, Mundschutz, Seife
Pflaster / Stretchverband
Sonnen- & Insektenschutz
Augentropfen
Ohrstöpsel

HYGIENE
Kulturbeutel (gepackt)
Duschgel & Shampoo
Zahnbürste & Zahnpasta
Reisehandtuch
Taschentücher

SONSTIGES
Ersatzbrille
Fotoapparat (Speicherkarte & Akkus prüfen)
Unterhaltung: Buch, Spielkarten, Zeitschrift…
Kopfhörer
Feuerzeug & Taschenmesser (mit Schere)
Spülmittel, Schwamm und Geschirrtuch
Campingausrüstung (falls erforderlich)
Geschirr & Besteck

Schilderwald... Wegecharakter Informationen

Die Beschilderung entlang des Radweges

Der Radweg ist durchgehend und sehr ausführlich in beide Richtungen markiert. Zu Beginn mit grünem Schild und weißer Schrift. Im Bereich der Grenze Salzburg-Oberösterreich ändert sich das Design der Beschilderung. Kurz vor Braunau mündet die Salzach in den Inn. Von dort an ist der Radweg zusätzlich als Innweg/Innradweg markiert. Hierfür wird die grün-weiße R3-Beschilderung oder auch das moderne Logo mit dem Schriftzug „Innradweg" verwendet. Stellenweise geben Hinweisschilder am Wegesrand weitere Informationen und erleichtern die Orientierung.

Die Wegequalität ist in der Regel gut. Bis Zell am See verläuft die Route häufig über ruhige, asphaltierte Landstraßen und wenige lange Abschnitte auf verkehrsreicheren Straßen. Bis Bischofshofen folgen meist verkehrsberuhigte Bundesstraßen und zum Teil auch unbefestigte Radwege. Bis Salzburg existieren stellenweise noch Abschnitte auf verkehrsreichen Hauptstraßen (Werfen-Pass Lueg). Allerdings fährt man auch häufig über separate Radwege und ruhige Nebenstraßen. Bis Passau fährt man häufig auf befestigten Uferwegen, Schotterwegen und auf ruhigen Nebenstraßen. Gelegendlich ist das Verkehrsaufkommen für kurze Abschnitte erhöht. Für Kinder können die verkehrsreicheren Abschnitte anstrengend sein. Sehr häufig können diese jedoch mit den radwegbegleitenden Bahnlinien

vermieden werden. Verkehrsreiche Abschnitte sind Taxenbach-Schwarzach und Werfen-Golling. Vor allem die sehr gut ausgebaute Radinfrastruktur im Saalachtal ist kindergeeignet.

Informationen:
SalzburgerLand Tourismus GmbH
Wiener Bundesstraße 23
5300 Hallwang
Telefon: +43 662 6688 0
E-Mail: info@salzburgerland.com
www.salzburgerland.de

Website Tauernradweg
www.tauernradweg.at

Aktuelle Umleitungen:
https://www.salzburgerland.com/de/tauernradweg-news/
https://innradweg.com/php/sperren,23155.html

Der Tauernradweg

Von den Hohen Tauern nach Passau
Mit Tauernradwegrunde

Teil 1
Reiseführer

Der Salzach entlang

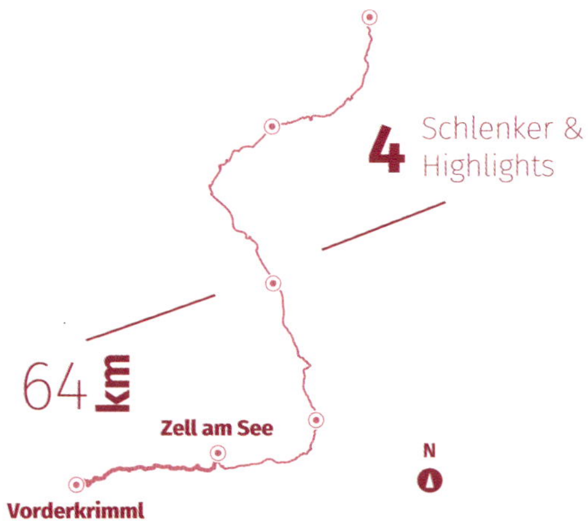

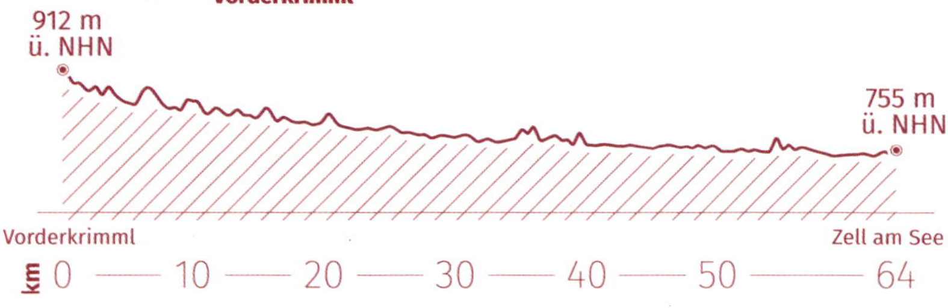

zum Zeller See

Und jedem Anfang wohnt ein Zauber inne. Das trifft auch auf das Örtchen Vorderkrimml zu, in dem das 1. Kapitel des Tauernradwegs durch den Oberen Pinzgau entlang der Salzach nach Zell am See startet. Gleichzeitig ist es den **Krimmler Wasserfällen** (1) vorgelagert, die definitiv einen kurzen Schlenker und damit einen Besuch wert sind. Anschließend geht es von Krimml erstmal gemütlich bergab. Nach kurzer Zeit überqueren wir einen Fluss, der in den nächsten Tagen unser ständiger Begleiter sein wird: die Salzach. Ein weiterer ständiger Begleiter, der sich auch über grüne Schilder mit dem roten Logo des Salzburger Landes im unteren Viertel bemerkbar macht, ist der Tauernradweg. Die wenigen paar Mal, an denen man tatsächlich nicht auf dem ausgeschilderten Radweg fährt, lassen sich an zwei Händen abzählen. Das heißt auch: Wenn du nicht auf dem Radweg bist, dann bist du vermutlich falsch abgebogen.

Blick auf den Oberpinzgau

Lohnenswerter Schlenker 1

DIE KRIMMLER WASSERFÄLLE

EINDRUCKSVOLLE ABKÜHLUNG

Unweit der kleinen Ortschaft Krimml stürzen sich die Krimmler Wasserfälle eindrucksvolle 385 Meter in die Tiefe. Bis zu 40.000 Liter pro Sekunde. Es sind die höchsten Wasserfälle in ganz Österreich, von der letzten Eiszeit hier tief in den Fels geschliffen. Drei massive Granitstufen wälzt sich das tosende Naturschauspiel der Krimmler Ache den Wasserfall hinunter: 145 Meter am oberen, 100 Meter am mittleren und 140 Meter am unteren Achenfall. Gespeist werden die Krimmler Wasserfälle mit dem Gletscherwasser von 17 verschiedenen Gebirgsbächen, weshalb die tatsächlich durchfließende Wassermasse je nach Jahreszeit stark schwanken kann. Eine erfrischende Abkühlung bieten die vier Kilometer Wegstrecke entlang der drei Wasserfälle aber allemal - traut man sich bis auf Sprühweite an das Spektakel heran, sogar mit Gänsehautgarantie.

Übrigens: Beim europaweiten Wasserfall-Ranking kommt es immer darauf an, wie man die Messlatte legt! Der Schweizer Rheinfall gilt mit seinen stattlichen 150 Metern Breite als der größte Wasserfall Europas, dafür fällt das Wasser hier aber nur mickrige 20 Meter tief. Auch die Triberger Wasser-

Am Fuße der Krimmler Wasserfälle

Länge des Wasserfall-wegs: 4 km

Das Element Wasser hautnah erleben

fälle, die höchsten in Deutschland, sind mit 163 Metern nicht einmal halb so hoch wie die Krimmler Kollegen.

Mach einen Ausflug! Das malerische Krimmler Achental eignet sich mit seinen sanften Steigungen ganz besonders gut zum Biken. Ein Abstecher zu den Wasserfällen darf da natürlich keinesfalls fehlen, denn auch die feuchte Luft ist hier ganz besonders gesund: Dank der hohen Konzentration negativer Luftionen wird das Immunsystem stimuliert und nachweislich die Atemleistung verbessert.

Die Krimmler Wasserfälle haben von Mitte April bis Ende Oktober durchgehend und ganztägig geöffnet. Die aktuellen Eintrittspreise findest du auf der Website. Per pedes gehst du 10 Minuten vom Parkplatz zum Wasserfall und dann vier Kilometer entlang des Wasserfallwegs mit zahlreichen Aussichtspunkten.

Achtung! Das ist keine Bikestrecke!

WASSERFALLDORF KRIMML
ÖAV Warnsdorf/Krimml
5743 Krimml 47
+43 (0)6564 7212
warnsdorf.krimml@sektion.alpenverein.at
www.wasserfaelle-krimml.at

Der ersten Ort, den wir nach Krimml durchfahren, ist Wald im Pinzgau. Hier gibt es einen kleinen SPAR Supermarkt, in dem man seinen Proviant aufstocken kann. Die Bahntrasse, an welcher der Radweg entlanggeht, wurde in den regnerischen Katastrophensommern von 2005, 2014 und 2021 zum Teil fast vollständig überschwemmt und weggespült. Die Pinzgaubahn ist insgesamt 52,6 Kilometer lang. Fast zwei Drittel (33,1 Kilometer) davon verlaufen direkt auf der Dammkrone der Salzach. Der Radweg führt erneut über eine Brücke über die Salzach und die Bahntrasse und mündet in einen Kiesweg, der durch einen schattigen Wald in Richtung Blausee im Obersulzbachtal führt. Der kleine See steht als Biotop unter Schutz, darf aber als Badesee genutzt werden. An heißen Sommertagen eine ideale kleine Pause!

Der Waagerstall in Mittersill

Nach diesem kleinen Schlenker zurück an der Salzach geht es mal leicht bergab, mal leicht bergauf bis nach Neukirchen am Großvenediger. Hier ist der Name Programm, denn bei schönem Wetter und den Blick gen Süden gerichtet, glitzern die **Gletscher der Venedigergruppe** (2) in der Sonne um die Wette. Von Neukirchen aus, vorbei an einer Naturbadeanlage und erneut eine Brücke über die Salzach gequert, radelt man gemütlich durch Wiesen in Richtung Bramberg am Wildkogel. Blumenverzierte Salzburger Einhöfe zieren eindrücklich den Zickzack-Kurs in Richtung Osten. Diese Hofform definiert sich im Allgemeinen und auch im Pinzgau durch die Anordnung der Tenne zwischen Stall- und Wohnteil. „Tenne“ ist übrigens der österreichische Begriff einer Scheune, also jenen Teils des Bauernhofs, in dem Heu und Gerätschaften gelagert werden.

Highlights am Wegesrand 2

NEUKIRCHEN AM GROSSVENEDIGER

DEN BERG IM BLICK

Die kleine Ortschaft Neukirchen wartet mit etwas wahrlich Großem auf: Einen uneingeschränkten Blick auf die „weltalte Majestät", wie der 3.657 Meter hohe Großvenediger auch genannt wird. Dabei war der höchste Berg Salzburgs sogar mal höher: Der Gipfel selbst ist im Zuge des Gletscherschwunds der vergangenen Jahrzehnte vollständig ausgeapert und büßte so deutlich an Höhe ein. In den 1980er-Jahren wurde er nämlich noch mit 3674 Metern Höhe vermessen. Das trübt allerdings den Blick nicht. Ob mit dem bloßen Auge oder durch die Kamera: Von Neukirchen blickt man auf die vier markanten Grate des Berges, die Gletscher schließen sich

Der Großvenediger gemalen von Anton Hasch (19.Jh)

wie eine weiße Halskrause um den grau leuchtenden Gipfel.
Tipp: Einen tollen Aussichtspunkt findest du auf der Sonnenterrasse des Alpengasthofs Stockenbaum. Die beiden Söhne des Hauses haben sich auf regionale Küche aus saisonalen Lebensmitteln und Fleisch aus der eigenen Jagd spezialisiert. So schlägt man zwei Fliegen mit einer Klappe: Typische Pinzgauer Spezialitäten mit Blick auf den höchsten Berg Salzburgs.

Alpengasthof Stockenbaum
Sonnberg Nr. 53
5741 Neunkirchen
+43 (0) 6565 / 6452
info@stockenbaum.at
www.stockenbaum.at

Wenn du durch Neukirchen radelst, siehst du ziemlich genau in der Dorfmitte links einen kleinen Park, hier biegst du auch links ab und eine kurze Zeit der Marktstraße entlang, dann biegst du rechts in die Hadergasse ein. Dieser Weg mündet in die Sonnberg-Straße, der du bis zum Alpengasthof in leichten Serpentinen folgst.

Getreidekasten am Museum Bramberg

Nach der Ortschaft Schönbach führt eine Brücke über den Habach, dessen Wasser vom Habachkees, also vom Habachgletscher, kommt. Das dazugehörige Habachtal ist neben der norwegischen Region Viken die einzige Region Europas, in der bis in die Anfänge des 20. Jahrhunderts Smaragde abgebaut wurden. Geologisch möglich machen das der Pegmatit, ein magmatisches Gestein, sowie Granite, Gneise und Schiefer. Auf über 2.000 Metern Seehöhe wurden vor vielen hundert Jahren Stollen in den Berg getrieben, um den tiefgrünen Habachtal-Smaragd zu schürfen. Einer dieser Smaragde ziert mit 42 Karat die britischen Kronjuwelen und wird im Tower in London aufbewahrt.

Ruine des Weyerturms bei Habach

MUSEUM BRAMBERG AM WILDKOGEL

SICH ZEIT NEHMEN

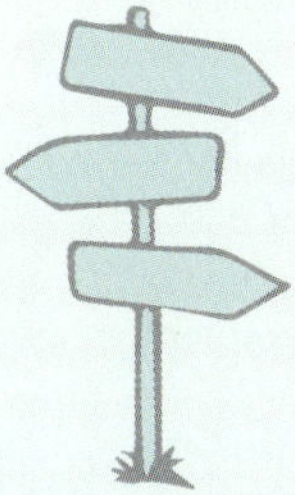

Das Heimatmuseum Bramberg am Salzburger Wildkogel wirkt mit seinen historischen Höfen als wäre die Welt einfach stehengeblieben. Und wirklich, hier wartet eine faszinierende Zeitreise zu den eigenen Wurzeln in der Vergangenheit. Etwas Zeit zum Staunen und Spazieren sollte man allerdings einplanen, denn zu sehen gibt es einiges: Eine schier unermessliche Ausstellung rund um Handwerk, Brauchtum, Kunst und das tägliche Leben von damals. Wissenswertes zur üppigen Fauna und Flora im Pinzgau, die faszinierende Welt der Bienen und die Arbeit der Imker, außerdem Hütten, Stad'ln und ein gemauerter Holzbackofen im Freilichtbezirk. Die unterirdische Schatzkammer des Haupthauses zeigt die Nationalparkausstellung „Smaragde und Kristalle". So lässt sich hier nicht nur Schlechtwetter bestens überbrücken, sondern auch Fachwissen für weitere Erkundungen sammeln.

Mit Nationalpark Sommercard und der SalzburgerLand Card hast du hier freien Eintritt, ermäßigten Eintritt bekommst du mit einer Gästekarte.

MUSEUM BRAMBERG
Weichseldorf 27
5733 Bramberg
+43 (0) 6566 7678
info@museumbramberg.at
www.museumbramberg.at

Juni - September:
täglich 10:00 - 18:00 Uhr
Mai und Oktober:
Di, Do und So 10:00 - 18:00 Uhr

Tickets: Kinder/Ermäßigt 4Euro, Erwachsene 8Euro, Familie 16Euro, Führung 40Euro

Museum Bramberg

Der beschilderte Tauernradweg führt nun über die Salzach und entlang der Bundesstraße zum Ortsbeginn von Bramberg am Wildkogel, den das **Heimatmuseum** (3) in einem ausgesprochen hübschen Pinzgauer Hof ziert. Im Ortskern von Bramberg gibt es neben zwei Cafés auch einen Supermarkt. Wer eine längere Pause einlegen will, dem sei empfohlen, mit der Smaragdbahn westlich des Ortszentrums auf 2.000 Höhenmeter zu gondeln und auf der Terrasse des über hundert Jahre alten Wildkogelhauses Pinzgauer Kasnocken mit Röstzwiebeln zu genießen. Panoramablick inklusive.

Zurück im Dorfzentrum von Bramberg geht es über die Dorfstraße und die alte Bundesstraße in Richtung Mühlbach und Hollersbach. Die Dörferrunde von Schönbach über Bramberg bis hinter Mühlbach könnte man auch auf dem Salzachradweg abkürzen, der stetig auf der orographisch rechten Seite des Flusses verläuft. In Hollersbach angekommen, lohnt es sich, das **Klausnerhaus** – einen Bauernhof aus dem 14. Jahrhundert zu besuchen, in dem sich die Nationalparkwerkstatt befindet. Unter dem Motto „So schmeckt die Natur“ befindet sich im Erdgeschoss des Klausnerhauses eine Ausstellung über den Holunder. Hier erfährt man Wissenswertes über die sagenumwobene Pflanze und die vielseitigen Verwendungsmöglichkeiten ihrer Blüten und Beeren. Der Hollunderstrauch ist es auch, der dem Dorf seinen Namen gegeben hat. Der Name Hollersbach rührt nämlich von den etlichen Sträuchern an den Bachufern des Dorfes. Gleich hinter dem Klausnerhaus kann man den Hollersbacher Kräutergarten bestaunen – er zeigt eindrucksvoll die ganze Vielfalt an Heilpflanzen, Küchenkräutern und Giftpflanzen der Region.

Brauerei Bräurup

Das Wildkogelhaus

Wieder der Salzach entlang führt der Tauernradweg nun gemütlich und aussichtsreich nach Mittersill, dem größten Ort im Oberpinzgau. Der Ort mit seinen – heute – über 5.000 Einwohnern liegt an einem strategisch wichtigen Verkehrsknotenpunkt durch das Salzachtal und der Nord-Süd-Verbindung über den Pass Thurn ins Leukental nach Tirol und Bayern, bzw. nach Süden durch das Felbertal und den Felbertauerntunnel nach Osttirol und weiter Richtung Adria. Das wussten schon die Römer, wie ein römischer Grabstein aus dem 2. Jh. n. Chr., der im Mauerwerk der **Felberkirche** verbaut wurde, historisch beweist. Im Mittelalter wurden mit Pferden und Maultieren Salz, Eisen und Kupfer in das Friaul und nach Südtirol transportiert. Von dort kamen Wein, Früchte, Samt und Seide in das Oberpinzgau. Dass Mittersill so zu einem reichen, kleinen Ort heranwuchs, beweisen auch die prächtigen Bürgerhäuser am Stadtplatz. Und noch eine Besonderheit hat Mittersill zu bieten: Bier! Die Biertradition der **Hausbrauerei Bräurup** reicht bis in das 17. Jahrhundert zurück und belohnt durstige Radfahrer im hauseigenen Biergarten mit einem kühlen Märzen.

Felberturmmuseum - Schiachpercht

Am Felberturm und dem Golfplatz vorbei führt der Tauernradweg über Wiesen, Felder und die Dörfer Stuhlfelden, Uttendorf, Niedernsill und Piesendorf nach Kaprun. In Pirtendorf bei Stuhlfelden können leere Wasserflaschen am Dorfbrunnen aufgefüllt werden. Die hochmittelalterliche **Burg Kaprun** ist nun schon auf der anderen Talseite zu sehen. Und sie ist es auch, die dem gleichnamigen Ort seinen Namen gab. Erstmals urkundlich erwähnt wurde der Name Kaprun 931 n. Chr. mit dem keltischen Namen Chataprunnin – was soviel heißt wie „wilde Wasser".

Kaprun ist heute vor allem als Tourismusort bekannt – im Winter für das älteste Gletscherskigebiet Österreichs, das Kitzsteinhorn, im Sommer für hochalpine Wander- und Klettertouren auf die zahlreichen 3000er. Das Heilwasser, das bei einer Tiefenbohrung in der Nähe der Burg Kaprun entdeckt wurde, trägt ebenfalls, als im Jahr 2010 eröffneter Tauern Spa, zur heutigen Attraktivität des Ortes bei. Aber auch ein sehr tragisches Ereignis machte Kaprun weltweit bekannt: Ein Feuer in der Tunnelstandseilbahn kostete im Jahr 2000 155 Menschen das Leben und machte internationale Schlagzeilen.

Blick vom Pichlberg auf Bruck an der Großglocknerstraße

Promenade am Zeller See

Von Kaprun ist es quasi ein Katzensprung nach **Zell am See** und somit zum Ende des ersten Kapitels. Trotzdem sollte der eingeschlagene Weg wohl überlegt sein, denn hier treffen drei Streckenvarianten aufeinander: Die direkte Route weiter in den Pongau entlang der Salzach (Zell am See wortwörtlich links liegen lassend), die Route über Schüttdorf in den Ortskern von Zell am See und die sich anschließende Saalachvariante über Saalfelden nach Salzburg. Nicht weit entfernt, bei Bruck, befindet sich außerdem der Abzweig nach Süden zur spektakulären Großglockner-Hochalpenstraße 4.

Essen, Trinken & Durchatmen

Kulinarisch genießen in ZELL AM SEE

The Burger Factory: BOXENSTOPP

Fast unmittelbar am Ufer und direkt an der Radroute liegt die kleine, aber sehr feine Burger Factory. Das Beef ist regional, trotzdem muss es hier nicht immer Fleisch sein und auch glutenfrei gibt es auf Anfrage gern. Dazu das Patty aus Spinat & Cottage Cheese? Klar! Oder Süßkartoffel plus Zucchini im Dinkelbrot, warum auch nicht. Hausgemachte Pommes sind sowieso eine Selbstverständlichkeit, der Crispy Chicken macht seinem Namen alle Ehre und einen Cheeseburger muss man seit Pulp Fiction sowieso niemandem mehr erklären. Den „Signature Untouchable“ vielleicht schon, der kommt nämlich mit heißer homestyle Käsesauce übergossen – wahrlich unfassbar. Für die flotte Drive-Thru-Erfahrung (Picknick am See, Verpflegung in der Satteltasche) serviert das Servicepersonal alles zum Mitnehmen und legt ein sportliches Lächeln obendrauf: Fast Food für Feinschmecker.

The Burger Factory
Salzmannstraße 2
5700 Zell am See
Tel: +43 6542 47465
bbfrestaurants2016@gmail.com
facebook.com/theburgerfactoryzellamsee

Das Grand Hotel: BELLE ÊPOQUE

Mahagoni und Marmor. Luxuriöse Grandesse schütteln die beiden Grand Bars nur so aus dem Handgelenk. Aus gepflegter Feinheit muss man auch gar keinen Hehl machen, so gehört sich das schließlich in einem Grand Hotel. Die großzügige Getränkekarte genießt man darum wahlweise im Grand Café am See, oder bei atemberaubendem Seeblick auf der Freiterrasse oder in der Imperial Café-Bar zu sanften Klavierklängen und edlem Wiener Chic am Kamin. Auch feinhopfiges Bier bekommt man im gemütlichen Gastgarten neuerdings direkt am See – herrlich spritziges Hofbräu, hausgemacht seit Herbst 2020. Und sonst? Schlechtwetter gibt es nicht, einfach mit guter Lektüre im Ledersessel warten, bis die Lage sich bessert. Oder die Küche spielt ein Wunschkonzert, man gönnt sich ja sonst nichts. Ein Hauch imperiales k&k-Flair darf auch sein, schließlich schwingt man sich dann wieder auf seinem Ross in den Sattel.

Grand Hotel
Esplanade 4-6
5700 Zell am See
Tel: +43 6542 7880
grandhotel-zellamsee.at
info@grandhotel-zellamsee.at

Nach Zell am See führt eine Brücke über die Salzach, man sieht den Flugplatz Zell am See genau vor sich. Die Bundesstraße unterquert und dann der idyllischen Seepromenade entlanggeradelt, tut sich das pittoreske Stadtzentrum auf. Wie das nahe liegende **Bad Gastein** 5 war es mitunter die legendäre Kaiserin Elisabeth (Sisi), die im Sommer 1885 in Zell am See residierte. Dass sie den Ort damit in den Fokus des damaligen Jetsets rückte, läutete auch hier die Belle Êpoque ein, die dann bis zum Ausbruch des 1. Weltkrieges andauern sollte.

Zell am See

Das Grand Hotel in Zell am S

Von dieser Zeit zeugt heute noch das Grand Hotel am See, das – wie der Name schon sagt – direkt am Zeller See liegt. Die Terrasse des Hotels mit seiner „Imperial Café-Bar“ ist demnach das perfekte Setting, um auf das eben erfolgreich abgeschlossene 1. Kapitel des Tauernradwegs anzustoßen. Oder sich eine typisch österreichische Mehlspeise zu gönnen.

Lohnenswerter Schlenker 4

DIE GROSSGLOCKNER HOCHALPENSTRASSE

Die Großglockner Hochalpenstraße

Zugegeben: Dieser Schlenker ist durchaus mit ein wenig Anstrengung verbunden. Außer man ist mit einem E-Bike unterwegs. Andererseits ist die Bergankunft auf der Großglockner Hochalpenstraße auch der Traum vieler Hobby-Radler. Denn das ist Biken im Glanz des höchsten Berges des Landes – dem Großglockner mit 3.798 Metern Höhe. Über 48 Kilometer führt die Passstraße von Fusch (südlich von Bruck im Pinzgau) durch den Nationalpark Hohe Tauern nach Heiligenblut in Kärnten. Dabei windet sie sich in 36 Haarnadelkurven vorbei an schneebedeckten Bergen und Gletschern, Wasserfällen, wilden Bächen und grünen Wiesen.

Der ideale Startpunkt für eine (E-)Bike-Tour in schwindelerregende Höhen ist Fusch an der Glocknerstraße. Hier kann man sich auf den circa 7 Kilometern zur Mautstelle Ferleiten aufwärmen und sich mental auf die bevorstehenden Steigungen einstimmen. Als Radfahrer muss man keine Mautgebühr entrichten und kann die Schranken auf einer eigenen Radspur passieren. Alle Zeitangaben auf dieser Strecke sind relativ: Der sportlich ehrgeizige Biker wird vielleicht mit 1,5 Stunden für die Auffahrt auskommen, wogegen der Genießer auch mal an die 4 Stunden brauchen kann. Immerhin sind auf den fast 21 Kilometern von Fusch beinahe 1600 Höhenmeter zu überwinden. Die Steigung beträgt ständig 9% und in der sogenannten „Hexenküche“ an die 12% – für 12 lange Kilometer. Am „Fuscher Törl“ (2.428 Meter Höhe) kann man von der Passstraße zur Edelweißspitze abzweigen. So sammelt man auf 2 Kilometern 70 Extra-Höhenmeter, die man sich allerdings zum Teil hart auf

Das Fuscher Törl

Großglockner Hochalpenstraße, Blick Richtung Käfertal

Kopfsteinpflaster mit 14 Prozent Steigung erarbeiten muss. Dieser Einsatz sollte wohl überlegt werden, denn hinter der Abzweigung wartet eine echte Gemeinheit: Es geht bergab, rund 150 Höhenmeter, bis die Straße von der „Fuscher Lacke“ mit knapp 10 Prozent zum Ziel der Tour, dem „Hochtor“ auf 2.504 Metern Höhe, ansteigt. Am nördlichen Ende des Hochtors bietet sich ein Rastplatz mit unglaublichem Panoramablick an, sich umzuziehen (hier ist es auch im Hochsommer kühl) und eine Pause einzulegen, bevor es die ganzen Kehren wieder zurück in das Tal geht.

Ein kleiner Einkehrtipp nach „getaner Arbeit“: Die „Fuscherlacke“ beim Mankeiwirt. „Mankei“ nennt man im Pinzgauer Dialekt die Murmeltiere und der Wirt der Fuscherlacke ist einer der wenigen, denen es gelungen ist, die Tiere zu zähmen. Sie lassen sich also bei einer Jause streicheln, sind aber auch sehr verfressen.

SERVICE TELEFON HOCHALPENSTRASSE: +43 6546 650

Je nach Wetter ist die Großglockner Hochalpenstraße von Mai bis Ende Oktober täglich von 5:30 bis 21:00 Uhr geöffnet. Von Bruck fährt außerdem von Ende Mai bis Ende September jeden Mittwoch und Freitag der Glocknerbus, im Juli und August fährt dieser zusätzlich am Dienstag. Die Ganztagestour bis auf die Kaiser-Franz-Josef-Höhe kostet für Erwachsene 38 Euro, für 8 Euro kann man auf Anfrage auch sein Fahrrad mitnehmen. Ermäßigungen gibt es mit der Nationalpark Sommercard.

Vorderegger Tavel
Gletschermoosstraße 14
5700 Zell am See
incoming@vorderegger-travel.at

Auf dem Weg der einstigen Gletscher

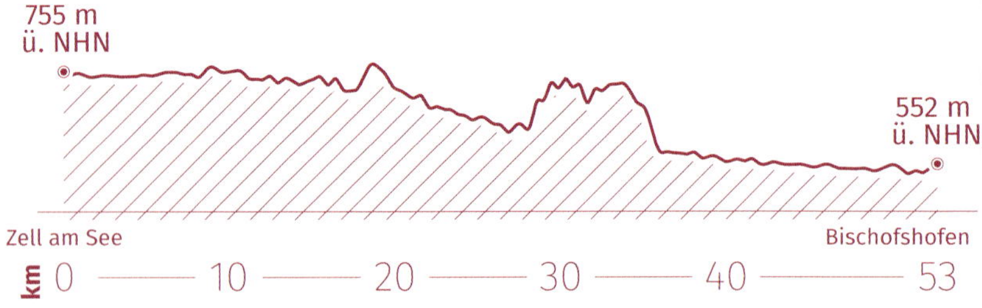

Der 2. Abschnitt des Tauernradwegs führt durch den Unterpinzgau und den Pongau. Der Unterpinzgau erstreckt sich zu beiden Seiten der Salzach und ragt ein Stück in die Zeller Furche – hier befinden wir uns augenblicklich noch. Vom Salzachtal zweigen das Rauristal, das Kapruner Tal mit dem 3.203 Meter hohen Kitzsteinhorn sowie das Fuscher Tal mit der Großglockner Hochalpenstraße ab. Es ist der bergigste Abschnitt der Tour und das ist durchaus positiv: Nirgends sonst kann man die Kraft der Natur so eindrucksvoll sehen, wie auf dieser Strecke. Aber zuerst mal geht es von Zell am See zurück in Richtung Salzach, genauer gesagt nach Bruck a.d. Glocknerstraße. Als lohnenswerten Schlenker haben wir im vorhergehenden Kapitel schon die **Großglockner Hochalpenstraße** 4 präsentiert, nun werfen wir einen letzten Blick auf die massiven Gletscher im Süden. Der Tauernradweg führt nun gemächlich bergauf und bergab durch Wiesen und Weiden – vorbei an Ober- und Niederhof. In Gries weitet sich die Salzach merklich, nach einigen hundert Metern sieht man auch die Wehr bei Högmoos, die den Fluss leicht aufstaut. Hier wird das Wasser zum Antrieb der Turbinen in das 17 Kilometer entfernte Flusskraftwerk Schwarzach der Salzach entnommen und durch Stollen zum Ausgleichsspeicherbecken Brandstatt in Oberuntersberg in der Marktgemeinde St. Veit im Pongau geleitet.

Links über die Wehr geradelt, führt der Tauernradweg nun auf dieser Seite des Flusses entlang. Direkt bei der Ortseinfahrt Hasenbach gibt es einen kleinen Info-Point für Radfahrer. Von hier aus erreicht man nach kurzer Zeit die Ortschaft Taxenbach, die aus mehreren Gründen eine Pause wert ist. Die meisten Häuser in dem verwinkelten, fast romantisch anmutenden Ort sind viele Generationen alt. Besonders erwähnenswert ist der Penninghof, der zu den echten **Salzburger Ansitzen** zählt. Diese Gebäudeform entstand im späteren Mittelalter bis in die frühe Neuzeit als Ausbauten älterer Bauernhöfe oder Bürgerhäuser. Meist unter der Riege von Aufsteigern aus dem Bürger- und Bauernstand, die in den niederen Adel erhoben wurden. Die wesentlichen Baumerkmale Salzburger Ansitze sind der oft annähernd quadratische Grundriss, die Mehrgeschossigkeit, das steile Walmdach, die Eckerker und die Aufsatztürmchen (die hier allerdings fehlen). Aber auch naturräumlich ist Taxenbach einen Besuch wert. Denn hier befindet sich auch der Einstieg in die **Kitzlochklamm**, eine Schlucht der Rauriser Ache, die in die Salzach mündet. Die Ache hat sich über die Jahrtausende auf etwa 1.500 Meter Länge über 100 Meter tief in den Kalkschiefer eingeschnitten. Das Rad sollte man bei einer Begehung der Klamm allerdings am Eingang südlich von Taxenbach stehen lassen – hier ist Gehen angesagt. Durch die Schlucht führen gesicherte Steganlagen, unterwegs darf durchaus gestaunt werden. Auf der circa 2-stündigen Wanderung an das obere Klammende passiert man einen alten Erzstollen, eine aufgelassene Einsiedelei und eine Tropfsteinhöhle.

Das Kühhoferhaus in Taxenbach

Die Kitzlochklamm

Nächster Stopp: Schwarzach / St. Veit. Versierte Bahnreisende, die von Österreichs Westen in seinen Süden fahren, wissen, dass nun circa die Hälfte der Fahrzeit geschafft ist. Das gilt auch für das 2. Kapitel des Tauernradwegs. Wenngleich der Streckenabschnitt von Taxenbach nach Schwarzach nichts für schwache Nerven ist. Das liegt an der Enge des Tals entlang der Salzach, aber auch an der stark befahrenen Bundesstraße. Bitte hier keinesfalls durch einen der zahlreichen Tunnel fahren – das ist für Radfahrer lebensgefährlich. Der Tauernradweg führt dich zwar zum Teil entlang und auf der Straße, macht aber einen Bogen um die Tunnel. Kurz nach Lend tut sich das Tal ein wenig auf, hier trifft die Gasteiner Ache auf die Schwarzach, die – wie zuvor die Kitzlochklamm – eine Klamm durchschneidet. Diese massive Felsformation ist es auch, die den Blick auf das wunderschöne **Gasteiner Tal** 5 verhindert, das bei genügend eingeplanter Zeit definitiv einen Besuch wert ist.

Lohnenswerte Schlenker 5

BAD GASTEIN

BELLE EPOQUE FRISCH GESTRICHEN

Länge des charmanten Umweges: 23 km

Weltkurort, Wolkenkratzerdorf, Manhattan der Alpen, Monte Carlo der Alpen oder auch Berlin der Berge. Bad Gastein erlebt eine neue Renaissance. Die Atmosphäre ist so vielseitig wie eine Prada-Kollektion. Pomp und Gloria in Bad Gastein: Das sind nur wenige Zeitungstitel, die die Aufbruchsstimmung im ehemaligen Sisi-Kurort im Gasteinertal mit seinen heilenden Thermalwasserquellen beschreiben. Und sie vermögen es auch nur teilweise auf den Punkt zu bringen, denn Bad Gastein ist so komplex wie interessant: Skandinavischer Schick, Alpen-Nostalgie, Altstadt-Charme und eine Prise Wes-Anderson-Flair – um nur wenige Attribute zu nennen. Im Mittelalter verbreitete sich bereits europaweit die Kunde der warmen Quellen in Gastein. Das Gasteiner Thermalwasser hat nämlich eine ganz besondere Charakteristik: Es ist mit Radon angereichert. Und dieser wohldosierte Strahlenreiz durch das Edelgas soll sich nachhaltig schmerzlindernd auf angeschlagene oder kranke Gelenke und die Wirbelsäule auswirken. Heute weiß man: Für die Heileffekte ist der körpereigene Botenstoff TGF-beta verantwortlich, der durch die Radon-Behandlung aktiviert

Hotel de l'Europe in Bad Gastein

wird und entzündungshemmend und geweberegenerierend wirkt. Wissenschaftlich nachweisen kann man die Wirkung bisher freilich nicht. Die beiden Weltkriege markierten allerdings den schleichenden Niedergang des ehemals noblen Kurorts. Der Glanz aus Zeiten der k.u.k-Monarchie wurde sukzessiv von einer Staubschicht eingetrübt. Die Belle-Epoque-Bauten verfielen und der Putz bröckelt ab.

Seit ein paar Jahren allerdings bemühen sich Künstler, Architekten, Gastronomen und teils unbekannte Mäzene mit guten Ideen und viel Leidenschaft, diesen 4000-Seelen-Ort aus dem Dornröschenschlaf zu erwecken. Mit Events wie dem Yoga-Herbst und dem Yoga-Frühling werden Gäste auch außerhalb der Ski- und Wanderhochsaison angelockt. Auch das Kulturfestival „Sommer.Frische.Kunst" mit Workshops, Klassikkonzerten und Ausstellungen etablierter und junger Künstler findet seit einigen Jahren jeden Sommer statt. Künstler, Kreative und Erholungsuchende aus der ganzen Welt haben Bad Gastein also für sich entdeckt. Ein Lifestyle-Magazin schrieb sogar: Bad Gastein ist das neue Berlin. Nur ist die Luft so viel besser.

Wir biegen bei Lend rechts ab und überwinden eine recht anstrengende Steigung von Klammstein nach Dorfgastein. Von hier aus führt der Gasteiner Radweg durch das gesamte Tal bis nach Bad Gastein. Von Dorfgastein ist die Radroute anfangs flach und führt zum Teil entlang der Gasteiner Ache. Die Strecke von Bad Hofgastein nach Bad Gastein steigt stetig an, insgesamt werden hier nochmals 200 Höhenmeter überwunden. Von Lend bis Bad Gastein fährst du circa 23 Kilometer, je nach Kondition solltest du einen halben bis ganzen Tag dafür einplanen.

Wir unterqueren die Eisenbahnbrücke auf der alten Bundesstraße und circa einen Kilometer später zweigt der Tauernradweg rechts ab. Diese Abzweigung ist leicht zu übersehen! Nach einem kräftigen Anstieg bergauf tut sich nach einer Kurve linker Hand der Gasthof Posauner auf. Ein perfekter Moment, um nach dem Anstieg eine kurze Pause einzulegen. Und weiter geht es mit der Bergetappe, unter der Bahnüberführung durch bis zu einem alleinstehenden Haus. Von hier aus geht es dann bergab bis nach Schwarzach – inklusive toller Aussicht auf das Salzachtal. Besonders der Blick auf die gegenüberliegende Talseite, nach **St. Veit** und **Goldegg**, macht klar, dass das Tal am Boden zwar oft dunkel und eng ist, aber es manchmal nur ein paar Höhenmeter nach oben braucht, um auf weite Sonnenterrassen zu sehen. Das wussten auch schon die Kelten und Römer, die die Hangterrasse über der Salzach zwischen Schwarzach und Taxenbach in einer Höhensiedlung schon rund um 200 Jahre vor Christus bewohnten. Goldegg ist heute noch eine Gemeinde, die sich allgemeiner Beliebtheit erfreut. Zumindest weist das die Statistik nach: Sowohl die Geburtenbilanz als auch die Wanderungsbilanz sind für die kleine Gemeinde positiv. Das mag mehrere Gründe haben, liegt

Goldegg in der Morgensonne

Bilck von Oberlehnen auf Schwarzach und St. Veit

aber sicherlich auch an den naturräumlichen Gegebenheiten: Ein 5 Hektar großer See liegt direkt am Ort, das Skigebiet Goldegger Buchberg ist zwar klein und fein, aber Mitglied im Skiverbund Ski Amadé, eines der größten Skigebiete Europas. Kurzum: Das Örtchen ist einen Schlenker wert, wenn man Kraft für ein paar hundert Höhenmeter mehr in den Beinen hat.

Johannes von Goldegg

Highlights am Wegesrand 6

SCHLOSS SCHERNBERG

IRRWEGE DURCH DIE GESCHICHTE

Angefangen hat das Schloss Schernberg im Jahre 1193 eigentlich als einfacher Turm. Erst im Laufe des Mittelalters wurde das Bauwerk bis 1550 schließlich zum stattlichen Schloss erweitert. Nachdem das Anwesen dann zwischenzeitlich sogar als Brauerei fungierte, wurde es Mitte des 19. Jahrhunderts den Barmherzigen Schwestern als Behinderten- und Pflegeheim übergeben. Der Nationalsozialismus schrieb das wohl dunkelste Kapitel der Schlossgeschichte, im April 1941 wurden hier insgesamt 151 Männer und Frauen gewaltsam abtransportiert und später ermordet – in der Euthanasieanstalt Schloss Hartheim bei Linz. Zwanzig Jahre später inspirieren lange Spaziergänge nahe dem Pflegeheim den Autor Thomas Bernhard zu seinem Lyrikband *Die Irren – Die Häftlinge*. Der bewegten Geschichte

Das Schloss Schernberg

Blick über Schloss Schernberg auf St. Veit

des Schlosses setzt er damit ein kritisches Denkmal, das im 2010 renovierten Schlossgemäuer, der gotischen Schernbergkapelle und dem Opferdenkmal *Friedensoase* viele aktuelle Referenzen findet.

Weiher Schloss Schernberg

Etwas unterhalb des Schlosses befindet sich mit der *Geosite 62* ein besonders idyllisches Naturdenkmal: Hier lässt der kleine Weiher des Schlosses auf einer kleinen Insel eine Zitterpappel wachsen – früher als schmerzlindernde Heilpflanze geschätzt. Als besonderer Beitrag zur Verschönerung des Landschaftsbildes wurde der kleine Kraftplatz bereits 1932 als Naturdenkmal ausgewiesen und besteht in seiner ursprünglichen Form bis heute.

Der idyllische kleine Weiher unterhalb des Schlosses ist frei zugänglich und rund um die Uhr kostenlos zu bewundern.

Lohnenswerte Schlenker 7

LIECHTEN-STEINKLAMM

Über die Wendeltreppe in die Tiefe

Länge des charmanten Umweges: 6,1 km

Nach einem massiven Felssturz musste die Liechtensteinklamm 2017 gesperrt werden. Drei Jahre später und eine umfangreiche Sanierung später ist die Liechtensteinklamm als eine der längsten und tiefsten Schluchten der Alpen wieder begehbar. Sie hat eine Länge von rund 4.000 Metern, davon ist etwa gut ein Kilometer für Besucher zugänglich. Die Felsen sind bis zu 300 Meter tief und stehen stellenweise so eng und hoch, dass der Himmel nur mehr als kleiner Streifen zu erkennen ist. Am Ende der Klamm ist ein riesiger Wasserfall. Bereits vor 150 Jahren faszinierte das alpine Naturschauspiel so sehr, dass die Schlucht durch eine Spende von Fürst Liechtenstein für die Allgemeinheit mit Brücken und Stegen als Sommer-Ausflugsziel zugänglich gemacht wurde. Heute zählt eine neue Treppenanlage, die sich als Wendeltreppe 367 Stufen in die Tiefe windet, als neues Highlight der Klamm.

Wasserfall in der Liechtensteinklamm

Treppe in die Liechtensteinklamm

Die Liechtensteinklamm ist nur in den Sommermonaten (Mai bis Ende September) von 09:00 - 18:00 Uhr geöffnet.

Eintrittspreise: Erwachsene 10 Euro, Kinder (6-18 Jahre) 5,5 Euro

www.liechtensteinklamm.info

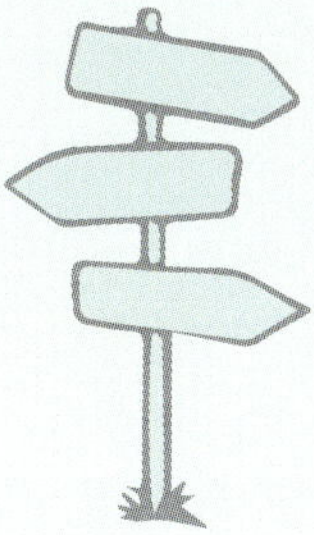

So oder so gilt es zuerst, den Knotenpunkt Schwarzach zu erreichen – das aber nunmehr hauptsächlich bergab rollend. Schwarzach im Pongau ist in erster Linie ein Verkehrsknotenpunkt der Salzburg-Tiroler-Bahn und der hier beginnenden Tauernbahn. So zumindest die kollektive Wahrnehmung. Schwarzach hat aber auch eine sehr bewegte Geschichte und inspirierte den österreichischen Schriftsteller Thomas Bernhard zu seinem Werk „Die Irren – die Häftlinge", die an die Ereignisse während des 2. Weltkrieges im **Schloss Schernberg** 6 angelehnt sind. Der Schriftsteller besuchte die Gegend rund um Schwarzach so oft, dass heute noch im Nachbarort St. Veit jährlich die Thomas-Bernhard-Tage stattfinden, eine Veranstaltung mit Vorträgen, Zeitzeugengesprächen, Lesungen zeitgenössischer Autoren sowie Diskussionsrunden zu Ehren des österr. Autors von Weltrang.

Wissenswertes im Gepäck **8**

DER „SAGENHAFTE“ TAUERNRADWEG

25 Kilometer lang Sagen aus dem Salzburgerland

Wer die „Geschichte von der Schwarzacher Geiß“ hören will oder sich dafür interessiert, „wie der Teufel die Gasteiner Quellen ableiten wollte“, sollte am sagenhaften Teilstück des Tauernradweges zwischen Schwarzach und Werfen im Pongau besonders aufmerksam die schön illustrierten Schautafeln lesen.

Vielleicht haben es die Sennerinnen ja doch übertrieben? Oben beim Hochkönig, mit ihrem Reichtum und der maßlosen Zurschaustellung. Mit Käselaiben gepflasterte Wege, Kühen mit goldenen Hörnern, Milchbädern und dem im Überfluss getrunkenen Wein? Das alles wäre ja noch nicht so schlimm gewesen, hätten sie in ihrer Überheblichkeit nicht auch noch einem erschöpften Wanderer die Unterkunft verwehrt und ihn laut lachend zurück in die Wildnis geschickt. Doch wer konnte schon ahnen, dass genau diese Zurückweisung das Fass zum Überlaufen bringen sollte und das himmlische Strafgericht einen Schneesturm über den Alpen aufziehen lassen würde, der die einstmals so grünen Almen auf ewig unter einer dicken Schicht aus Schnee und Eis begraben sollte. Und mit ihnen die leichtsinnigen Mädchen.

Der Radweg nahe der Burg Hohenwerfen

Sagen wie die Entstehung der „Übergossenen Alm“ prägen das Leben hier in den Bergen schon seit vielen Jahrhunderten. Sie machen die Vergangenheit und so manches Naturschauspiel greifbarer. Umso spannender, dass man viele dieser Geschichten vom Sattel aus erleben kann.

Übrigens: Wer von Geschichten am Ende des „Sagenhaften“ Tauernradwegs noch nicht genug hat, der besucht in Werfen noch den „Sound of Music-Trail“ zu den Original-Drehorten des legendären Films.

Es finden sich immer wieder gemütliche Rastplätze entlang des Weges

Von Schwarzach radeln wir nun erneut der mäandernden Schwarzach entlang bis St. Johann im Pongau. Auf dem Weg dorthin sollte man aber unbedingt einen Abstecher in die **Liechtensteinklamm** (7) einplanen. Es ist die zwei Stunden definitiv wert. Die Liechtensteinklamm am Eingang ins Großarltal ist eine der längsten und tiefsten Schluchten in den Alpen und bekam ihren Namen tatsächlich von Fürst Johann II. von Liechtenstein, der in der 2. Hälfte des 19. Jahrhunderts die Begehbarmachung der Klamm mitfinanzierte. Ab Schwarzach startet außerdem der **„Sagenhafte Tauernradweg“** (8), in dessen Verlauf bis Golling an bestimmten Orten auf großen Schautafeln Sagen der Region erzählt werden. St. Johann im Pongau erkennt man schon von Weitem an den neugotischen Doppeltürmen des Doms. Die Bezirkshauptstadt streifen wir allerdings nur am Rande, genauer gesagt entlang der Salzach radelnd. Was allerdings Wenige wissen: In St. Johann befindet sich der sogenannte „Regierungsbunker“, der als Hauptquartier der österreichischen Luftraumüberwachung dient. Im Ernstfall sollten in dieser fünfstöckigen Bunkeranlage in 300 Meter Tiefe die gesamte Regierung des Landes Platz finden – während des Kalten Krieges und des Jugoslawienkrieges ein zeitweise gar nicht so unrealistisches Szenario. Heute befinden sich in den unterirdischen Räumlichkeiten die Backup-Server des österreichischen Kanzleramts sowie des Visa Informationssystems der Europäischen Union.

Entlang des Salzach-Damms bietet sich auf der Strecke nach Bischofshofen im Norden ein herrlicher Blick auf das Tennengebirge, ein stark verkarstetes und höhlenreiches Plateaugebirge. Die bekannteste Höhle in diesem Gebirge ist die **Eisriesenwelt** 9, die zu den größten Höhlensystemen Europas gehört. Wir erreichen nun Bischofshofen, das Ende unseres 2. Kapitels des Tauernradwegs. Die 10.000-Einwohner-Stadt war bis weit in die 70iger-Jahre des letzten Jahrhunderts ein bedeutender Industriestandort und auf Grund der starken Wirtschaft und Arbeiterschaft ein frühes Zentrum der österreichischen Sozialdemokratie. Und auch des Nationalsozialismus in den 1930iger-Jahren, als wegen der Weltwirtschaftskrise der Kupferbergbau in der Region geschlossen werden musste. Heute hat sich Bischofshofen wieder als wichtiges Wirtschafts- und Einkaufszentrum etabliert, auch touristisch hat es einiges zu bieten: Hier findet das alljährliche Finale der Vierschanzentournee der Skispringer statt.

Blick vom Hochkönig über Pongau und Pinzgau

Der Hochkönig

Essen, Trinken & Durchatmen

Ein kulinarischer Abzweig

Vitus Winkler gibt seiner Heimat eine Bühne. Dass sich seine Meisterstücke auf dem Teller abspielen, kommt aber natürlich nicht von ungefähr. Überraschend und naturnah arrangiert er die bekannten und weniger bekannten Kräuter der Alpen zu eindrucksvollen Kreationen. In seinem Kräuterreich ist der Sommelier und Starkoch nicht nur zuhause, er ist wohl auch ein bisschen Wanderführer. So werden seine Gäste zu Begleitern seiner kulinarischen Streifzüge durch die Salzburger Alpen, über die Wälder und Wiesen, bis auf den Gipfel der Genüsse. Erfahrungen die Geschichten erzählen, berühren und begeistern – fand auch Falstaff und verlieh drei Gabeln. Fasziniert und verzaubert waren auch die Feinschmecker von Gault-Millau – vier Hauben für den Kräuterhexer. Vitus Winkler gehört unter den Gourmets also längst zu den ganz Großen, am Boden geblieben ist er trotzdem. Bei regelmäßigen Fine Alpine Dining Workshops lässt er sich über die Schulter schauen, verrät seine Tricks und bittet zum Einstimmen zu einer Sensorikschulung an die Bar. Humor hat er also auch.

RESTAURANT KRÄUTERREICH
Sonnhof, Kirchweg 2
5621 St. Veit im Pongau
+43 (0)6415 4323
kraeuterreich-vituswinkler.com
kraeuterreich@vituswinkler.at
Do – Mo 18:00 – 23:00 Uhr

Dem Sagenhaften auf der Spur

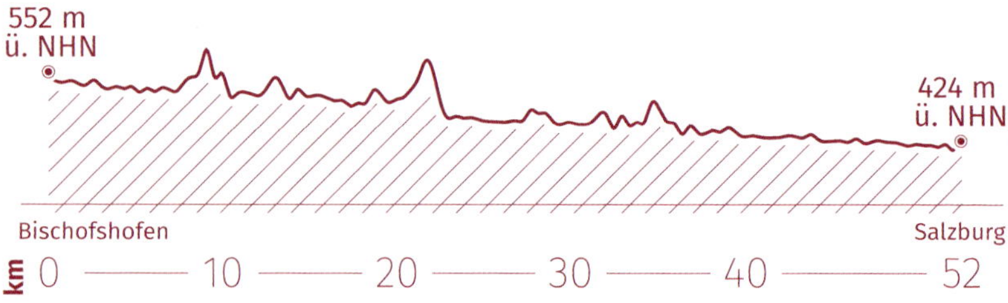

Wir starten im Zentrum von Bischofshofen mit dem 3. Kapitel des Tauernradwegs, der uns bis in die Stadt Salzburg führen wird. Zum Teil ist dieser Streckenabschnitt sehr eng, sodass wir auf der Bundesstraße fahren, da die Salzach hier keine Möglichkeit für einen Radweg lässt. Alternativ könnte man auch mit der Bahn fahren. Die ersten beiden Ortschaften auf diesem Weg sind Pfarrwerfen und Werfen, idyllisch am Fuße des Tennengebirges gelegen. Pfarrwerfen begrüßt Radler mit seinen, am rechten Hang übereinander gereihten **sieben Mühlen**. Wenn du die Mühlen besichtigen willst, dann kannst du dein Rad dort ganz bequem in einer Radbox abstellen. Was dich erwartet? Eine Antwort darauf, was vor der Mehlpackung im Supermarkt geschah. Wie war das eigentlich, als es Getreide und Mehl noch nicht im Supermarkt ums Eck zu kaufen gab? Damals wurde das geerntete Getreide mit viel Mühe in Mühlen zu Mehl gemahlen. Die sieben Wassermühlen in Pfarrwerfen können darüber recht anschaulich Auskunft geben. Jahrhundertelang versorgten diese sogenannten Gmachmühlen die Bevölkerung mit frisch gemahlenem Mehl. Mit der Zeit ging aber der Getreideanbau zurück und so mussten auch die Mühlen bald ihren Dienst einstellen. Zum Glück hat man trotzdem darauf geachtet, dass die Holzhäuschen nicht verfallen. Und so reihen sie sich auch heute noch, wie auf einer Kette aufgefädelt, entlang des Mühlenbachs. Hübsch anzusehen sind sie allemal und auch gerne eine kleine Pause wert.

Lohnenswerte Schlenker 9

DIE EISRIESENWELT WERFEN

Die größte Eishöhle der Welt

Ein bisschen fühlt es sich so an, als würde der Berg ganz schön eisig ausatmen. In der Eishöhle zirkuliert kalte Luft, gefrosteter Fels, Kaskaden aus erstarrtem Wasser und bizarre Figuren aus Eis machen die Eisriesenwelt Werfen weltweit einzigartig. Vor knapp 150 Jahren, als die Höhle entdeckt wurde, war sie am Eingang noch eisfrei. Doch die Eismassen im Höhlensystem hoch über Werfen rücken vor und weichen zurück, das Eis in dieser Höhle wächst und schmilzt, je nachdem, welches Klima draußen herrscht. Spannend für Wissenschaftler und Besucher gleichermaßen: Bis zu acht Stockwerke hoch türmen sich in der Eisriesenwelt Wälle und Mauern aus Eis. Mit einer der steilsten Seilbahnen Europas werden Besucher auf über 1.600 Höhenmeter in das 42 Kilometer in den Berg reichende Höhlensystem gebracht. Nach einem Fußmarsch von 20 Minuten erreicht man das Höhlenportal.

Die Eisriesenwelt (Foto ca. 1925)

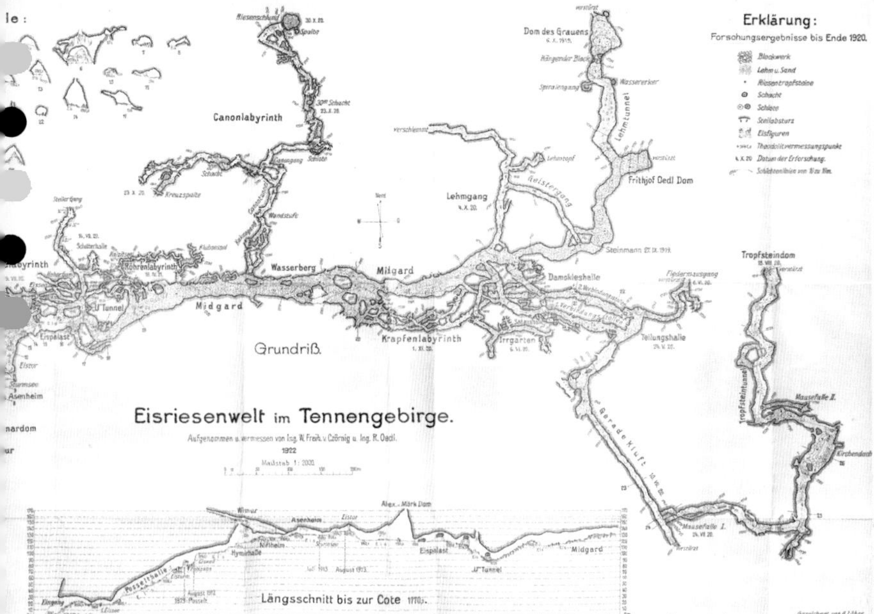

Zeichnung der Eisriesenwelt aus dem Jahr 1920

Bei der Führung durch die größte Eishöhle der Welt werden riesige Höhlenräume mit mystischen Namen durchquert. Als Erstes erreicht man die 150 Meter lange und 40 Meter breite Posselthalle (benannt nach ihrem Entdecker Anton von Posselt-Czorich), die mit sechs Meter dickem Eis gefüllt ist. Einer der Höhepunkte der Tour durch die frostige Zauberwelt ist die Hymirhalle, die fast vollständig von Eis ausgefüllt wird. Sie ist nach dem Reifriesen Hymir („der Finstere") aus der nordischen Mythologie benannt. In der Mitte der Halle erhebt sich die Hymirburg, ein Eisgebilde mit einem Umfang von fast 40 Metern. Am Ende der Führung liegt der sogenannte „Eispalast". So manch einem Besucher könnte hier durchaus mulmig werden: Die Höhle liegt nämlich etwa einen Kilometer tief im Berginnern und rund 400 Meter unter der Erdoberfläche. An dieser Stelle macht die Führung dann kehrt. Nach circa einer Stunde unter Tage gelangt man schlussendlich wieder ans Tageslicht.

Für den Besuch der Eisriesenwelt sollten die Gäste etwa drei Stunden einplanen. Seilbahn und Höhle sind in den Sommermonaten von Mai bis Oktober täglich von 8:30 bis 15:00 Uhr geöffnet.

Tel.: +43 6468 / 5248

www.eisriesenwelt.at

Weitergeradelt durchquert der Tauernradweg den kleinen Ort Werfen, der seinen Besuchern allerdings einen absoluten Superlativ bietet: Die größte Eishöhle der Welt, die **Eisriesenwelt Werfen** **9**. Gleich am Anfang des Ortes, dort wo rechts eine Brücke über die Salzach führt, befindet sich der Parkplatz mit Kleinbussen, welche die Besucher zur Eisriesenwelt bringen. Hier einfach die Eishöhlenstraße geradeaus radeln. Natürlich könnte man auch mit dem Rad die 6 Kilometer lange Bergstraße hinauffahren, das sei aber eher konditionsstarken Velofreaks zu empfehlen. Einen halben Tag sollte man aber so oder so für einen Besuch des Höhlensystems einplanen. Weiter geht es zum Hauptplatz von Werfen. Wenn man hier den Kopf in den Nacken legt, sieht man hinauf zur Burg Hohenwerfen, die auf einem 113 Meter über der Salzach erhobenen Felskegel thront. Eine Burg, wie man sie sich als Kind vorgestellt hat. Mit Mauern, Türmen, Zinnen und rot-weiß-roten Fensterläden. Nicht ohne Grund diente Hohenwerfen in den letzten Jahrzehnten als Kulisse des ein oder anderen Hollywoodfilms – zum Beispiel „Agenten sterben einsam“ mit Clint Eastwood und Richard Burton oder „Sherlock Holmes: Spiel im Schatten“. Hier befindet sich eine der Engstellen der Salzach, die wohl schon Jahrtausende eine strategische Schlüsselstelle auf der uralten Alpentransversale darstellt. Der perfekte Spot für eine mittelalterliche Burg.

Sollte man mit Kindern unterwegs sein, bietet es sich ab Werfen an, mit dem Zug bis Salzburg zu fahren. Bis Golling muss man hier nämlich den größten Teil der 17 Kilometer auf der Bundesstraße fahren.

Nördlich der Burg erreichen wir den kleinen Ort Tenneck, in dem es in bestimmten Wetterlagen nach Honig riecht. Hier befindet sich nämlich schon seit über 100 Jahren die Honig-Manufaktur „Honigmayr“. Ob klassischer Blütenhonig, aromatischer Bio-Waldhonig, Zitrusblütenhonig, Bio-Blütenhonig oder Cremehonig: In Tenneck wird der Honig noch per Hand kontrolliert und auf Qualität

Burg Hohenwerfen

DIE SALZACHÖFEN

Abstecher mit schönen Aussichten

Die Salzachöfen gelten als Geheimtipp unter den österreichischen Klammen. Das Wort „Ofen" wird im Süden des deutschen Sprachraums langläufig als Flurname für auffallend geformte Felsen verwendet – so auch für die Formationen dieser Klamm. Die bis zu 90 Meter tiefe Schlucht ist in ihrer engsten Stelle nur wenige Meter breit. Die Salzachklamm ist in den 10.000 Jahren seit der letzten Eiszeit entstanden, indem sich die Salzach immer weiter und tiefer in das kalkhaltige Gestein gegraben hat. Als extremes Wildwasser (bei einer Fließgeschwindigkeit von bis zu 30 km/h) ist sie bei Kanusportlern beliebt, wobei allerdings schon einige Kajaken hier ihr Leben ließen. Neben den zahlreichen Felsvertiefungen ist für Besucher per pedes vor allem der sogenannte „Dom" sehenswert: Eine besonders enge Stelle der Salzachöfen, an der es scheint, als würden sich die Gesteinswände oben schließen.

Die Salzachklamm hat nur in den Sommermonaten von Mai bis Oktober, von 07:30 bis 20:00 Uhr geöffnet.

Eintrittspreise: Erwachsene 3 Euro, Kinder (6-14 Jahre) 1,5 Euro

www.salzachklamm.at

geprüft, anschließend abgefüllt und in die weite Welt getragen. Von Tenneck führt der Tauernradweg zuerst am linken Ufer und ab Sulzau am rechten Ufer der Salzach entlang auf den Pass Lueg. Am Pass Lueg sind gleich mehrere Sachen interessant: Die Befestigungsanlage und die Salzach Klamm mit ihren sogenannten **"Salzachöfen"** 10 zu denen man circa eine halbe Stunde aufsteigt.

Die Salzachöfen

Der Pass selbst war früher die wichtigste Verbindung des Außergebirgs mit dem Innergebirg und den Gebirgsauen des Landes und war Teil einer der wichtigsten Alpentransitrouten, hat aber heute seine Bedeutung weitestgehend verloren. Der Namensteil Lueg stammt sehr wahrscheinlich vom Wort luegen (gesprochen luagen) ab, d. h. von schauen. Das kommt nicht von ungefähr: Von Teilen des **Pass Lueg** ist eine gute Aussicht auf den Tennengau im Norden möglich. Zum Beispiel auf der Terrasse des Gasthofs Pass Lueg, das mitunter mit seinen hausgemachten Torten punktet.

Burg Golling

Vom Pass Lueg geht es nun erstmal bergab nach Golling – zum Teil auf einem unbefestigten Wiesenweg. Die knapp 4.500-Seelen- Gemeinde liegt – ähnlich wie Werfen – zu den Füßen der **Burg Golling**, die heute ein Museum beherbergt. Hier kann man eine umfassende Sammlung an Fossilien bestaunen –wie das fossile Skelett eines Vorläufers der späteren Ichtyosaurier, einer Art Fischechse, die sich ausschließlich im Wasser aufhielt. Aber das Burggebäude beherbergt auch eine ehemalige Folterkammer und eine beachtliche Nummer an historischen Gemälden und Grafiken mit landschaftlichen Motiven. Wir sind nun knapp 30 Kilometer von Salzburg entfernt, von Golling queren wir die Salzach. Im kleinen Weiler Lacher zweigt ein Weg zum 76 Meter hohen **Gollinger Wasserfall** ab, den man nach einem circa zehnminütigen Fußmarsch erreicht. Nun führt der Tauernradweg gemächlich entlang einer schmalen Teerstraße an der Ortschaft Kuchl und Bad Vigaun vorbei, dessen Heiltherme durchaus einen Stopp wert wäre, um müde Muskeln zu entspannen.

Mühle beim Gollinger Wasserfall

Zeichnung des Eingangs in den Pass Lueg

Als nächste Ortschaft erreichen wir **Hallein** vor den Toren Salzburgs, die sich ganz unromantisch mit den Schloten der Papierfabrik aus der Ferne ankündigt. Doch der Schein trügt, Hallein ist durchaus einen Besuch wert. Die zweitgrößte Stadt Salzburgs darf sich nämlich als Salinenstadt, Keltenstadt, Industriestadt und als Kulturstadt bezeichnen. Und das hat durchaus seine Berechtigung: Das **Salzbergwerk Hallein** ist eines der ältesten Bergwerke der Welt. Schon steinzeitliche Jäger um 2.500 bis 2.000 v. Chr. nutzten die salzhaltigen Quellen auf dem Dürnberg bei Hallein, die dort aufgrund besonderer geologischer Verhältnisse zu Tage treten. Erst im Jahr 1989 erlosch mit der Schließung der Saline und der Einstellung der Soleproduktion auf dem Dürrnberg die über 2.500 Jahre alte Wirtschaftstradition der Salzgewinnung.

Abendliche sommerliche Landschaft im Salzachtal (Josef Mayburger 19.Jh)

Sonnenuntergang am Wimberg bei Adnet

Aber man wusste die alten Stätten weiter zu nutzen: Kunst und Kultur erfüllen die ehemaligen Industriestätten heute mit Leben. Upcycling deluxe! Besonders die Pernerinsel in der Salzach hat sich als außergewöhnlicher Standort der Salzburger Festspiele etabliert.

Dachglocken in Bad Vigaun

Wissenswertes im Gepäck und *Lohnenswerter* Schlenker **11**

WALDBAD ANIF

ALLES IM GRÜNEN BEREICH

Das Waldbad Anif liegt schön, südlich und etwas außerhalb von Salzburg – und so geradezu günstig für eine erfrischende Abkühlung unterwegs. Neben ganzjährig außergewöhnlich klarem Bergwasser in Trinkqualität (!) bietet das Naturbad Erholungsuchenden hier viele gemütliche Buchten und Badestellen für den ganz persönlichen Lieblingsplatz im Grünen. Wo der urige Charakter eines entlegenen Bergsees auf die Annehmlichkeiten eines Stadtbades trifft, bleiben aber auch sonst keine Wünsche offen: Mächtige Baumkronen spenden Schatten, ein Freiluft-Seerestaurant verwöhnt die Sinne mit gesund-knackigen Waldbad-Bowls, Volleyball und Tischtennis beschäftigen die Youngster und der Open-Air „Artspace" lädt zwischendrin zum Spaziergang mit Kunstausstellung ein. Auch wer sich nach etwas Nervenkitzel sehnt, wird schnell fündig – wahlweise beim Wakeboarden, bei einem Tauchgang oder im Kletterpark mit über 130 Stationen gleich nebenan. Der abendliche Sundowner wird gerne musikalisch untermalt und am Sonntag darf man dazu sogar das Tanzbein schwingen.

Wakeboarden im Waldbad Anif

Das Waldbad Anif hat bei Schönwetter in den Sommermonaten ab 10:00 Uhr geöffnet,
im Juli/August schon ab 09:00 Uhr.

Eintrittspreise: Standard 7,50 Euro, ermäßigt 5,50 Euro, Taucher 9,50 Euro

www.waldbadanif.at

Pause im Waldbad Anif

Highlight Wakeboarden am Zweimaster

Für Adrenalinjunkies ist Wasser allein manchmal zu wenig. Genau für solche Gelegenheiten bietet das Waldbad Anif gleich mehrere Möglichkeiten zum Wakeboarden: Zugleine, rotierender Zweimaster und – natürlich – jede Menge Obstacles für atemberaubende Tricks. Mit Technik-Workshops, Summer Camps und Wettkämpfen glänzt das Sommerprogramm, man kann hier aber auch einfach mal eine Schnupperrunde drehen. Neoprenanzug und Ausrüstung gibt's inklusive, und wer lieber klein anfängt, dreht erst eine stabile Runde am Big Stand up Paddle – allein oder sogar mit bis zu acht Freunden.

Von Hallein geht es nun quasi in einem Rutsch der Salzach entlang nach Salzburg. In der kleinen Siedlung Rif-Taxenbach mündet die Königsseeache in die Salzach. Hier kann man sich für einen netten Schlenker über das **Waldbad Anif** (11) und Schloss Hellbrunn nach Salzburg entscheiden. Die Hohenfeste Salzburg schon im Blick, bietet der Tauernradweg kaum Orientierungsschwierigkeiten. Die Landeshauptstadt ist bald erreicht.

Essen, Trinken & Durchatmen

Ein kulinarischer Abzweig

GENUSSKRÄMEREI HALLEIN – RADIKALE KOCHKUNST

Die Genusskrämerei in der Halleiner Altstadt tut nicht nur geheimnisvoll, sie ist es auch. Ganz im Sinne alter Krämerläden eben, die damals ein bisschen was von allem hatten. So finden Feinschmecker im gut 600 Jahre alten und feinsäuberlich aufpolierten Kellergewölbe nicht nur ein komplettes GENUSS-Restaurant samt Feinbäckerei, sondern eben auch ein KRÄMEREI-Concept Store mit Tapas und Weinbar. Hinter den Kulissen stehen Mutter Alexandra und Sohn Aaron Priewasser samt einem siebenköpfigen Küchenteam, die hier mit raffinierter Finesse die Kochlöffel schwingen. Die Zutaten sind immer regional, die Rezepte von Mutter Natur inspiriert. Das aber gern auch etwas radikal – der Kunst setzt man schließlich keine Grenzen. Heimische Fusion Kitchen geht dann auch als Barfood, samstags als Brunch oder einfach zum Stöbern, Shoppen und unterwegs essen.

GENUSS Restaurant
Mo, Di, Fr 12:00 – 23:00 Uhr
Sa 09:00 – 23:00 Uhr

KRÄMEREI TAPAS & WEINBAR
Di 11:00 – 18:00 Uhr
Mi, Do, Fr 12:00 – 23:00 Uhr
Sa 09:00 – 22:00 Uhr

Brunch & Breakfast
Sa 09:00 – 13:00 Uhr

DIE GENUSSKRÄMEREI
Gollinger Tor Gasse 1
5400 Hallein
Tel. +43 664 750 322 36
office@genusskraemerei.at
www.genusskraemerei.at

Immer dem

Braunau
3 Schlenker & Highlights
Salzburg
82 km
N

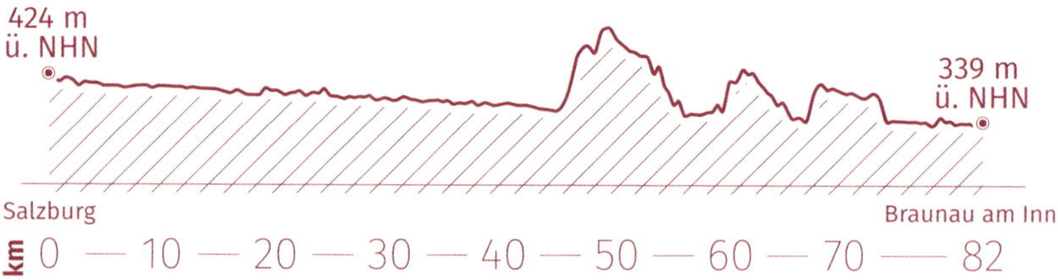
424 m
ü. NHN
339 m
ü. NHN
Salzburg
Braunau am Inn
km 0 — 10 — 20 — 30 — 40 — 50 — 60 — 70 — 82

Sonnenuntergang im Europareservat Untererinn

Fluss entlang

Salzburg 12 ist eine ausgesprochen radfreundliche Stadt. Aber das weißt du vermutlich spätestens seit dem Ende des letzten Kapitels. Auch zu diesem Abschnitt brechen wir an der Karolinenbrücke, auf einem ruhigen Radweg entlang der Salzach in Richtung Norden, auf. Leicht nostalgisch ist dieser Teil des Weges auch als Mozart-Radweg ausgeschildert. Und in der Tat: Auf dem Weg von Salzburg in die Ebene erinnert noch so einiges an die Pracht vergangener Jahrhunderte. Zur Rechten sieht man beispielsweise auf einem waldbewachsenen Hügel die **Wallfahrtsbasilika Maria Plain**. Unterhalb der Kirche ist auch ein Gasthof zu sehen, der nicht nur für vorzügliche Wildgerichte bekannt ist, sondern dessen Zimmer auch gerne an prominente Festspiel-Gäste vermietet werden, die dem Trubel der Stadt entfliehen wollen. Ziemlich genau gegenüber bietet sich ein Stopp der anderen Art an: Der Salzachsee, der an einem heißen Sommertag die notwendige Abkühlung bringt.

Wallfahrtsbasilika Maria Plain

Highlights am Wegesrand 12

KULTURSTADT SALZBURG

Wer Salzburg sagt, muss auch Musik sagen – sowie Kunst, Kultur und noch viel mehr. Ihren Namen verdankt die Stadt – wenig überraschend – ihrer wirtschaftlichen Rolle im Salzhandel. Die Festung Hohensalzburg ist wohl genau darum die größte vollständig erhaltene Burganlage in ganz Mitteleuropa. Mit eindrucksvollem Rundumblick natürlich der perfekte Startpunkt für einen Spaziergang, man steht ja auch gleich in der Altstadt. Der berühmteste Sohn Salzburgs heißt natürlich Wolfgang Amadeus Mozart, sein Geburtshaus schmiegt sich schon seit 1756 in die schmale Getreidegasse. Ihre prunkvollen Prachtbauten verliehen der viertgrößten Stadt Österreichs außerdem den klingenden Beinamen „Rom des Nordens". Mit dem Fahrrad darf man sich auf seinen Erkundungstouren also gerne etwas mehr Zeit lassen, die Kutschen fuhren früher schließlich auch nicht schneller.

Leo Reiffenstein - Garten von Schloss Mirabell 1917

Die Altstadt Salzburgs bei Nacht

Buhlschaft beim Jedermann

Den wichtigsten Fixpunkt im Kulturkalender markieren seit 1920 natürlich die Salzburger Festspiele – rund um das alljährlich hochkarätig inszenierte Theaterhighlight „Jedermann“ von Hugo von Hoffmanstahl. Hier bereut ein reicher Proll im Angesicht des Todes sein gottfernes Leben – bis der Allmächtige höchstselbst den Sensenmann schickt. Das Schloss Mirabell samt Garten wird hingegen gern Schauplatz romantischer Märchenhochzeiten, im Schloss Hellbrunn zeigt man dafür spektakuläre Wasserspiele und Löwen im Zoo. Wer es etwas zeitgenössischer mag, besucht stattdessen das Museum der Moderne am Mönchsberg oder spürt im Salzburg Museum der bewegten Landesgeschichte nach. Kurz: Wo hochklassiges Weltformat auf charmante Kleinstadt trifft, schmeckt auch die Motivation im Sattel verdächtig nach Mozartkugel.

www.salzburg.info

Salzachschleife bei Oberndorf

So städtisch Salzburg auf den letzten Kilometern war, umso grüner offenbart sich das Land an der Mündung der Saalach in die Salzach. Wir befinden uns nun im Salzburger Bezirk Flachgau, auf der orographisch rechten Seite der Salzach grenzt das Berchtesgadener Land. Zwischen Anthering und Oberndorf bei Salzburg säumt ein bis zu zwei Kilometer breiter, geschlossener Auwaldstreifen die Salzach, die sogenannten **Salzachauen**, ein Natura-2000-Gebiet. Hier wird immer wieder der ein oder andere Bieber gesichtet, auch scheue Wildschweine soll man hier schon im Schlamm wühlend gesehen haben. In der Weitwörther Au führt außerdem ein Erlebnisweg rund um den renaturierten Ausee. Der Tauernradweg macht hier einen Schlenker an der Au vorbei nach **Oberndorf** 13 bei Salzburg. In Oberndorf entstand übrigens das weltberühmte Weihnachtslied „Stille Nacht! Heilige Nacht!".

Highlights am Wegesrand 13

OBERNDORF

SCHÖNER DIE NÄCHTE NIE KLINGEN

Das kleine Oberndorf liegt etwa 20 Kilometer nördlich von Salzburg und hat als Stille-Nacht-Gemeinde Weltruhm erlangt. Just an diesem Ort wurden nämlich der bayerische Hilfspriester Joseph Mohr und der Arnsdorfer Lehrer und Organist Franz Xaver Gruber über die gemeinsame Kirchenarbeit gute Freunde. Am Nachmittag des 24. Dezembers 1818 überreichte Hilfspriester Mohr dem Organisten Gruber schließlich ein von ihm verfasstes Weihnachtsgedicht zur Vertonung. Noch am selben Abend erklang „Stille Nacht, heilige Nacht“ zum allerersten Mal bei der heiligen Christmette – zweistimmig und nur zart von Mohr auf der Gitarre begleitet.

Highlight St.Nikolai

In der kleinen Ortskirche zu St.Nikolai nahm alles seinen Anfang. Seitdem hört man die bekannte Melodie hier eigentlich fast immer – auch weil es die vielen Besucher gern still und vielstimmig vor sich hinsummen. Manchmal wird daraus sogar ein sanftes Singen, das spätestens zur Weihnachtszeit auch anderswo wieder leise durch die Nächte klingt.

Tourismusverband Oberndorf
Stille-Nacht-Platz 7
5110 Oberndorf
+43 6272 4422
office@stillenacht-oberndorf.com
www.stillenacht-oberndorf.com

Kirchenführungen bis zu 45 Personen gibt es auf Anfrage und kosten für 30 bis 40 Minuten 50 Euro.

Stille-Nacht-Kapelle

Länderbrücke Oberndorf/Laufen

Ein kurzer Abstecher nach Bayern gefällig? Die historische **„Salzachbrücke“** (14) zählt zu den schönsten Brücken Europas und ist die wichtigste Verbindung zwischen Oberndorf an der Salzach und der bayerischen Stadt Laufen. Von 1901 bis 1903 erbaut, ist die Grenzbrücke ein beeindruckendes Monument ihrer Zeit. 165 Meter ist die Brücke lang, davon liegen 64,5 Meter auf österreichischem und 100,5 Meter auf bayerischem Staatsgebiet. Das Besondere sind aber die zahlreichen Details: Auf den steinernen Pfeilern thront eine mit sezessionistischen Verzierungen geschmückte Jugendstil-Konstruktion aus Eisen. Über den jeweiligen Landeswappen befinden sich mit Blattgold verzierte Nachbildungen der österreichischen und bayerischen Krone. Die stolzen Adler auf den Spitzen der Brücke sind beinahe mannshoch. An den Seiten der Brücke befinden sich Tritonenmasken mit einer Gedenk-Inschrift. Ein wunderschönes Bauwerk, das zu Recht unter Denkmalschutz steht.

Wissenswertes im Gepäck (14)

Was sind eigentlich Tritonen?

Wer die Salzachbrücke zwischen Oberndorf und Laufen aufmerksam überquert, dem lachen an den Pylonen aufwändig gestaltete Tritonenmasken entgegen. Als Triton bezeichnet man in der Ikonografie ein Mischwesen, je zur Hälfte bestehend aus einem menschlichen Oberkörper und fischartigem Unterkörper mit Schwanzflosse. In der griechischen Ikonografie wurden die mythologischen Mischwesen aus Mensch und Meeresbewohner besonders gern gesehen, es sind die treuen Diener Tritons, dem Sohn des Poseidons. Heute findet man die Muschelhörner blasenden Meerjungfrauen und -männer vornehmlich auf Brunnen und Brücken, wo sie wohlwollend über das Wasser wachen und die Menschen vor Überschwemmungen und anderem Unheil schützen sollen.

Oberndorf hinter uns lassend, erwartet uns erneut eine Au mit knorrigen Weiden und der Chance, einen **Eisvogel** oder **Kleiber** zu sehen. Letzterer bekam seinen Namen aus dem Mittelhochdeutschen (von kleiben „festheften, befestigen, schmieren, verstreichen, kleben"), da der kleine Vogel mit braun-orangem Untergefieder und dem schwarzen Streifen rund um Augen und Kopf liebend gerne die Bruthöhlen anderer Vögel nutzt. Dazu „verklebt" er den Eingang einfach mit Lehm, damit größere Vögel wie Spechte in ihre eigenen Höhlen nicht mehr reinkommen. Ein gewieftes Federvieh.

Nach einigen Kilometern passiert der Tauernradweg die kleine Stadt Tittmo-

Eisvogel

Burganlage in Burghausen

ning, allerdings auf der anderen Seite der Salzach in Bayern. Es rentiert sich allerdings auch hier, den Fluss zu überqueren. Den Stadtplatz säumen stilvolle **Bürgerhäuser im typischen Inn-Salzach-Stil** 15, das Rathaus mit seiner Rokokofassade aus dem Jahr 1751 sticht besonders ins Auge. Auch die spätmittelalterliche Burg Tittmoning westlich des Stadtplatzes ist einen Abstecher wert.

Ab Tittmoning geht es, anstatt der Salzach entlang, weiter durch die Wälder des Weilhartsforstes. Erst kurz vor dem Örtchen Ach erreichen wir wieder die Salzach. Und erneut lohnt es sich, über die Brücke auf die deutsche Seite des Flusses zu wechseln und sich Burghausen anzusehen. Besonders beeindruckend ist die über einen Kilometer lange Burganlage, die über der pittoresken, spätmittelalterlichen Altstadt thront. Wie in vielen Städten entlang der Salzach, profitierte Burghausen bis in das späte 16. Jahrhundert vom Salzhandel. Bis hierhin wurde Salz aus dem Salzburger Hallein verschifft, danach ging es auf dem Landweg weiter. Der Reichtum der damaligen Zeit spiegelt sich heute noch im prächtigen Bild der Altstadt wider.

Kleiber

Highlights am Wegesrand 15

DER TYPISCHE INN-SALZACH-STIL

SPEKTAKULÄRE STADTKULISSEN

Über Jahrhunderte zählten die Flüsse Inn und Salzach zu den wichtigsten Handelswegen Mitteleuropas. Schiffszüge und Plätten (mittelalterliche Lastkähne) transportierten die Waren, flussaufwärts werden die edlen Güter auf Treidelpfaden von Pferden gezogen. Salz, Wein, Kupfer, Silber, Gewürze und Getreide brachten Wohlstand und Reichtum in die Städte entlang der Handelsroute. So säumen heute farbenprächtige Bürgerhäuser die Stadtplätze und Altstädte zwischen Innsbruck, Passau und Hallein – bunte Zeitzeugen unter Denkmalschutz. Die Scheinfassaden sind reich verziert und stehen dicht gedrängt, oben schließen Grabendächer die Silhouette ab – eine beliebte Baumaßnahme, um Stadtbrände einzudämmen. In den oberen Stockwerken der typischerweise drei Fenster breiten Reihenhäuser wurde gewohnt, in den Arkadengängen unterhalb konnten Waren gelagert werden. Heute findet man dort allerdings viele gemütliche Bars & Cafés, Restaurants und kleine Läden, die entlang der Stadtflüsse zum Schlendern und Entdecken einladen. Und weil die alten Treidelpfade der Zugpferde dort mittlerweile Straßen und Radwegen gewichen sind, erlebt man die eindrucksvollen Stadtkulissen besonders originalgetreu im Vorbeifahren. Ein bisschen wie damals eben.

Braunau Stadtplatz

ldorf Stadtplatz

Highlight: Historische Altstädte an Inn & Salzach

Das Kerngebiet des typischen Inn-Salzach-Stils liegt zwischen Innsbruck, Passau und Hallein. Der längste Stadtplatz befindet sich im bayerischen Mühldorf und wird beidseitig von einem mächtigen Turm flankiert. Auf österreichischer Seite verläuft die Handelsroute durch die Altstädte von Braunau am Inn, Enns, Freistadt, Gmunden, Hall i.T., Hallein, Innsbruck, Kufstein, Lienz, Linz, Obernberg am Inn, Rattenberg, Ried im Innkreis, Salzburg, Schärding, Steyr und Wels.

Altstadt Burghausen

Das nächste Highlight auf dem Tauernradweg ist die **Inn-Salzach-Mündung**. Auf der eher stark frequentierten Straße kurz nach dem Ort Überackern kann man links in eine Parkbucht einbiegen, die einen guten Blick auf den Zusammenfluss bietet. Man kann sehr deutlich sehen, wie unterschiedlich die beiden Flüsse gefärbt sind. Die Salzach bringt viel Schmelzwasser, die sogenannte „Gletschermilch" aus den Alpen, mit. Der Inn hingegen führt in diesem Abschnitt schon recht dunkles Wasser. Er wird unser neuer Begleiter auf dem Tauernradweg. Auf seinem Weg vom Hochgebirge bis nach Passau, zur Mündung in die Donau, verbindet der Inn drei Länder: die Schweiz, Österreich und Deutschland. Am Unteren Inn bildet er 60 Kilometer lang die Grenze zwischen Österreich und Deutschland. Nicht umsonst nannten die Römer den Inn „Aenus" – der Schäumende: Früher war der Inn ein reißender Wildfluss, dessen

Innspitz: Mündung der Salzach in den Inn

Burg über Burghausen

Lauf sich in weit verzweigten Seitenarmen immer wieder verlagerte. Das ist heute nicht mehr so, da man ab dem 19. Jahrhundert begann, ihn zu regulieren – so entstanden Ökosysteme aus der „zweiten Hand", Flachwasserzonen, Schlickbänke, Röhrichte, Weidengebüsche und Auwälder.

Von hier sind es nur noch wenige Kilometer dem Inn entlang nach Braunau, dem Ende diesen Kapitels des Tauernradwegs.

Essen, Trinken & Durchatmen

Ein kulinarischer Abzweig

DIE STRIZZI BAR IN BURGHAUSEN

Weltoffen und wandelbar gibt sich die Strizzi Bar in Burghausen – entsprechend lohnt sich der kleine Umweg über die Brücke nach Bayern. Vorwegnehmen sollte man an dieser Stelle, dass der Strizzi im Mittelbayrisch-wienerischen ein ausgefuchster Lausbub ist. Dass sich die Bar dann tagsüber als exklusives Eiscafé präsentiert und abends detailverliebtes Fine Dining serviert, sollte also niemanden wundern. Eine gewisse Frechheit legt das kulinarische Angebot dort rund um die Uhr an den Tag, wohlsortiert aus der mediterran-levantinischen Welt – und natürlich trotzdem alles regional erzeugt. Man soll es sich so vorstellen, als hätten ein Autoschrauber und ein Surfer in Mailand ein Restaurant eröffnet – mit bayrischer Gemütlichkeit, versteht sich. Das sagt das Strizzi zumindest über sich selbst, schlau werden darf dann jeder selber draus. Eines beweisen die Lausbuben und Lausdirndln hier aber allemal: Dass echtes Dolce Vita auch ein Abenteuer ist.

Öffnungszeiten:
Mo-Di: Ruhetag
Mi-So ab 17:30 Uhr

STRIZZI BAR
Stadtplatz 111
84489 Burghausen
+49 (0) 8677 6683464
info@strizzi.de
www.strizzi.de

Unterwegs im Naturium

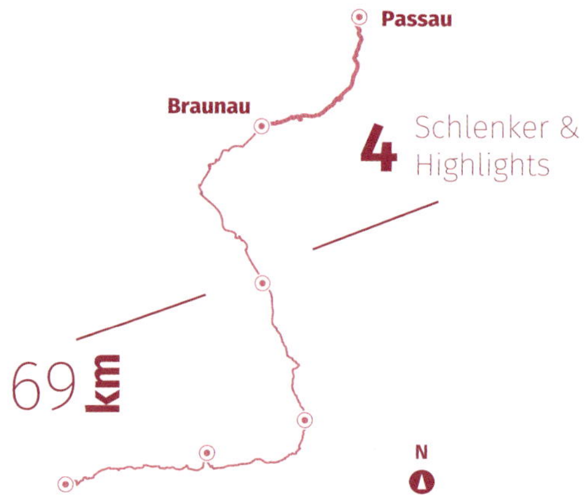

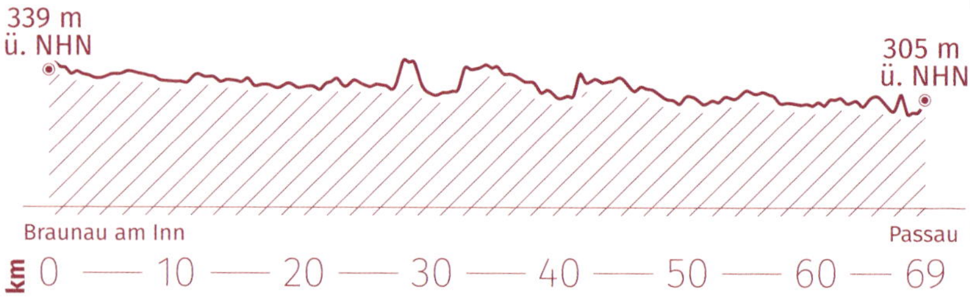

Innkraftwerk Ering-Frauenstein

am Inn

Der letzte Abschnitt des Radweges ist naturräumlich sehr kontrastreich vom Inn geprägt: Die weiten aufgestauten Wasserflächen bilden Sandbänke, ausgedehnte Schilfufer, mit Weiden bewachsene Inseln und unberührte Auwälder. Ein Paradies für Vögel, aber auch für Biber und Otter. Auf dem Weg nach **Passau** kannst du dir auch aussuchen, ob du auf der österreichischen oder bayerischen Seite des Inns entlangfahren möchtest – auf beiden Seiten gibt es gut befahrbare Uferwege. Ab Schärding schneidet sich der Inn ein enges Tal in die Böhmische Masse, das Landschaftsbild ändert sich von lieblich zu markant.

Unberührte Natur im Europareservat Unterer Inn

Schon ab Braunau kannst du quasi die „Seite wechseln". Beim Kraftwerk Ering, bei dem du auch das Infozentrum **Europareservat Unterer Inn** (16) besuchen kannst, führt dann wieder eine Brücke über den Inn nach Österreich. Ansonsten führt der Tauernradweg entlang des Dammwalls bis zur Hagenauer Bucht, in der sich der Inn wie ein See aufstaut. Hier gibt es auch Bademöglichkeiten. Auch das Schloss Hagenau rückt auf einem zum Inn vorspringenden Felssporn in das Blickfeld, schon vor knapp 1.000 Jahren stand hier eine Burg. Vom Schloss führt der Tauernradweg in die Ortschaft Aham.

Der Stadtplatz von Braunau aus der Luft

Brettljause

Wir befinden uns nun im kulinarischen Gebiet der sogenannten **„Mostjause“**. Im österreichischen Bundesland Oberösterreich gibt es nämlich knapp 150 Mostschänken und Jausenstationen, die von der Brettljause über herzhaften Speck bis hin zum typisch oberösterreichischen Erdäpfelkäs beste Jause servieren. Meist werden die Produkte auch selbst erzeugt. Es lohnt sich also, die Augen aufzusperren und nach Wirtshäusern und Buschenschanken Ausschau zu halten.

Highlights am Wegesrand 16

EUROPARESERVAT UNTERER INN

DAS NATURIUM AM INN

Zwischen Salzachmündung und Passau bildet der Inn nicht nur die bayerisch-oberösterreichische Landesgrenze, hier befindet sich auch das grenzübergreifende Europareservat und Naturschutzgebiet Unterer Inn. Ein einzigartiges Paradies voller natürlicher Lebensräume: Langgezogene Sand- und Schlickbänke, ausgedehnte Schilfufer, unberührte Auwälder und mit uralten Weiden bewachsene Inseln säumen die 55 Flusskilometer zwischen Salzach- und Rottmündung. Der Tier- und Pflanzenreichtum ist enorm, auch seltene und bedrohte Arten finden hier wichtige Rückzugsgebiete. Besonders im Frühjahr geben die rund 300 verschiedenen Vogelarten eindrucksvolle Konzerte, die sich in den Abendstunden auch vortrefflich bei einem Picknick genießen lassen. Wer unterwegs einen Schlenker über eine von sechs Erlebnis-Stationen oder die Ausstellungsräume in Ering und der Burg Frauenstein einlegt, kann die unterschiedlichen Sänger besser erkennen und bestimmen: Pirol und Blaukehlchen, Sumpfrohrsänger, Beutelmeise und Schlagschwirl zum Beispiel. Am Stausee Ering-Frauenstein kann man hingegen etwa 1000 Lachmöwen beobachten, während sich auf einem 20

Sonnenuntergang an der Plattform am Vogelturm

Kurze Pause am Flussufer

Hektar großen Biotopacker unzählige seltene Pflanzen- und Insektenarten bestimmen lassen (heimische Orchideen etwa, oder die bedrohte Steinhummel). Wer die ganze Artenvielfalt dann aus allererster Hand erleben möchte, kann auch fachkundige Führungen buchen – oder den 500 Kilometer Innradweg eben auf eigene Faust erkunden.

Öffnungszeiten Ausstellung Burg Frauenstein:
Sommer: Mo – So / 11 – 23 Uhr
Sonst: witterungs- und saisonabhängig

NATURIUM AM INN
Innwerkstraße 15
94140 Ering
www.naturium-am-inn.eu

Führungen und Gruppenprogramm können auf telefonische Anfrage organisiert werden.

Die nächste Ortschaft ist gleich wegen mehrerer Aspekte interessant: In Frauenstein gibt es ein Schloss, das eine Schänke, ein Atelier und eine Ausstellung über das **Europareservat Unterer Inn beherbergt** **16**. Aber wundert euch nicht, das Schloss schaut mehr aus wie eine Burg bzw. auch das nicht wirklich: Der größte Teil der ehemaligen Burg ist durch den Bau der Staustufe im Wasser verschwunden. Der Tauernradweg führt nun weiter flussabwärts durch die Dörfer Mühlheim und Kirchdorf am Inn. Zwischen Kirchdorf und Obernberg am Inn liegen einige Inseln mitten im Fluss, die von tausenden Vögeln bevölkert sind. In Obernberg selbst kommen Kunstversierte auf ihre Kosten: Im Kunsthaus in der Burg Obernberg finden regelmäßig Ausstellungen zeitgenössischer Kunst statt. Wer weiß, vielleicht findet sich hier auch das nächste Bild für die Wohnzimmer-Sammlung? Aber auch der Marktplatz der Marktgemeinde ist einen Besuch wert, immerhin einer der schönsten Barockplätze Österreichs. Übrigens: Wer hier den Inn kreuzt, kann in **Bad Füssing** **17** im Thermalwasser plantschen. Wir verlassen Obernberg in Richtung Reichersberg. Zwischenzeitlich führt der Radweg auf einer langen, schmalen Holzbrücke über die Altarme des Inns – das eindrucksvolle **Stift Reichersberg** schon im Blick. Das prächtige, großteils barocke Stift ist

Stimmungsvoller Sonnenuntergang bei Kirchdorf am Inn

Stift Reichenberg

eines von sieben Klöstern und Stiften in Oberösterreich, die heute noch bewirtschaftet werden und in Seelsorge, Schule, Wirtschaft und Gästebetreuung tätig sind. Einer der Höhepunkte im Klosterleben ist der alljährliche „Reichersberger Sommer“, eine Veranstaltungsreihe mit festlichen Gottesdiensten, Ausstellungen, Lesungen, Kabarett- und Jazzaufführungen.

Lohnenswerte Schlenker 17

BAD FÜSSING

THERMALWASSER FÜR MÜDE BEINE

Gleich vier Kureinrichtungen gibt es in Bad Füssing, die das 56 Grad warme Thermalwasser in Becken gefasst haben. Eine Wohltat für müde „Wadln". Vor allem aber wirkt das Wasser gegen Arthritis, Wirbelsäulenleiden, Osteoporose und Stoffwechselerkrankungen wie Gicht. Also gegen vieles, was so im Körper knarrt und kracht. Und warum kleckern, wenn man auch klotzen kann? In der Europa Therme stehen alle Zeichen auf Entspannung: 17 Thermal-Wasserbecken mit Temperaturen von 27 bis 40 Grad und der 1.000 Quadratmeter große Saunabereich helfen dabei großflächig. Zu den Highlights gehören der Strömungskanal, die Sprudelpools, das

Therme 1

Das Johannesbad im Abendlicht

Entspannungs- und Entschleunigungsbecken mit Unterwassermusikanlage, ein großes Schwefel-Gas-Becken, das AeroSalzum, der luxuriös gestaltete Infrarot-Tiefenwärmebereich sowie ein 200 m² großes Attraktionsbecken – unter anderem mit Luftsprudelliegen, Whirlpools und Bodensprudlern. Das Johannesbad gehört mit rund 4.500 m² Wasserfläche und 13 Becken ebenfalls zu den größten Thermen Europas. Kleinere Thermen sind die Therme 1 und der Saunahof.

Sonnenuntergang über dem Sauwald

Langsam, aber stetig ändert sich das Landschaftsbild, in der Ferne erkennt man schon die tiefgrünen Hügel des Sauwaldes, ein Ausläufer der Böhmischen Masse. Die **Böhmische Masse** ist nicht etwa ein Bestandteil der gleichnamigen Küche, sondern ein geologisch uralter Gebirgsrumpf in Tschechien und angrenzenden Gebieten in Österreich, Deutschland und Polen. Das alte, stark abgetragene Gebirge bildet hauptsächlich flache Landschaften, aber auch sanfte Mulden und Täler. Ein liebliches, typisch mitteleuropäisches Terrain. Einen Teil des Weges fahren wir nun ab Dietrichshofen parallel zur Autobahn, die allerdings nach wenigen Kilometern an der Zollstation Suben den Inn nach Deutschland kreuzt.

Die nächste Station des Tauernradwegs ist nun Schärding. Österreicher oder in Österreich Aufgewachsene kennen die Stadt als Sitz der ehemaligen **Schärdinger Molkerei**, die das Land seit über einem Jahrhundert mit Käseikonen wie dem Sirius Camembert und dem Bergbaron versorgt. Aber Schärding ist mehr als ein Sehnsuchtsziel für Käse-Liebhaber, sie ist auch als „Barockstadt am Inn" bekannt. Warum wird spätestens am Stadtplatz klar: Die Bürgerhäuser aus dem 16. bis 19. Jahrhundert, insbesondere die spätbarocke Silberzeile am Oberen Stadtplatz, umgeben von einer weitgehend erhaltenen Stadtmauer, versetzt optisch weit zurück bis zu den Anfängen der Neuzeit. Auch hier war es die günstige Lage am Inn, die Schärding ab dem Mittelalter zu einem großen Handelszentrum werden ließ.

Stadtplatz Schärding

Highlights am Wegesrand 18

DIE DREIFLÜSSESTADT PASSAU

STADT ZWISCHEN FEUER UND WASSER

Wer den wunderschönen Donauradweg genießt, wird vom moosigen Duft des Flusses begleitet, vom leisen Rauschen und seinem sanften Plätschern. Am vielleicht schönsten Ort unterwegs, dort, wo sich die drei Flüsse Donau, Inn und Ilz treffen, ließen sich zur La-Tène-Zeit einst schon die alten Kelten nieder. Auf der langgezogenen Insel zwischen Donau und Inn stand später auch das römische Kastell Batavium – benannt nach den germanischen Söldnern vom Stamm der Bataver. Die Schmiedekunst der pulsierenden Stadt Passau erlangte im Mittelalter große Bekanntheit, auch Kunst, Kultur und Wissenschaft ließen die Universitätsstadt florieren. So war am 12. November 1203 wohl auch der berühmte Minnesänger Walther von der Vogelweide am Hofe des Passauer Bischofs Wolfger von Erla zu

Passau mit Blick auf den St. Stephans Dom und die Donau

Gast – und verkaufte diesem nachweislich einen überteuerten Pelzmantel. Trotz ihrer bewegten Geschichte entstand das heutige Stadtbild erst nach 1662, als ein besonders verheerendes Feuer die Siedlung restlos in Schutt und Asche legte. Dass infolge die italienischen Baumeister Carlone und Lurago mit dem Wiederaufbau betraut wurden, verdankt Passau seinen heute südländisch anmutenden Barockstil. Neben Bränden hielten auch Hochwasser die Stadt regelmäßig in Atem – 1954 stand der Schaiblingsturm am Ufer fünf Meter unter Wasser, erst dann wurden zahlreiche historische Bauten aufwändig erhöht oder sogar übersiedelt. Ihre vielen Geschichten und Legenden erzählt die Dreiflüssestadt Passau heute mit Stolz und Anmut – und verführt Besucher am Donauradweg zu historischen Spaziergängen durch die Stadtgeschichte.

STADT PASSAU
Rathausplatz 2
94030 Passau
+49 (0)851 396-0
tourist-info@passau.de
www.passau.de

Der Schaiblingsturm

Highlights am Wegesrand 19

KÜNSTLERVIERTEL HÖLLGASSE IN PASSAU

DEM HIMMEL SO NAH

Die Höllgasse in Passau mit Rathausturm

Die kleine Höllgasse in Passau erkennt man sofort: Hier entführen bunte Pflastersteine in eine farbenfrohe Welt, wo die Fantasie die Feder führt. Bemalt werden sie regelmäßig von den Anrainern selbst, denn hier befindet sich seit Anfang der 90er das florierende Künstlerviertel von Passau, seither die erste Adresse für kreatives Kunsthandwerk. Bei der Arbeit über die Schulter schauen, ist in den Ateliers, Galerien und Werkstätten nicht nur erlaubt, sondern sogar explizit erwünscht. Zwischen den Malern und Bildhauern, Keramik-, Glas- und Holzkünstlern gerät man dann leicht in Versuchung, sich auch selbst beim Schaffen zu versuchen. Weil Kunst halt aber doch nicht jeder kann, wird der Zauber umso größer, hier einmal wirklich mittendrin zu sein. Und wer dann noch etwas weiter durch die Bräugasse spaziert, kann im Museum Moderner Kunst, in der Produzentengalerie und im Kulturmodell noch tiefer in das pulsierende Kunstherz von Passau eintauchen. Wer sich dann unterwegs im Wunderland verirrt, folgt einfach wieder den bunten Pflastersteinen.

Mit wechselnden Ausstellungen und Öffnungszeiten gibt es im Künstlerviertel Höllgasse eigentlich immer etwas zu erleben.

Höllgasse - Künstlervereinigung AGON e.V.
Höllgasse 12
94032 Passau
+49 (0)151 1232 5882
enricoherzig9@gmail.com
www.agon-passau.de

Nach Schärding queren wir die Pram und radeln dem Inn entlang in Richtung Nordosten auf Passau zu, dem Ende des Tauernradwegs. Der Radweg zeigt sich auf dieser Strecke nochmals von seiner besten Seite. Gemütlich geht es immer dem Fluss entlang, nur selten wird die Idylle von Siedlungsraum unterbrochen. **Passau** 18 **und seine spannenden Stadtviertel** 19 schon im Blickfeld, passiert der Radweg nicht nur die österreichische Grenze, sondern auch den Inn. Und endet dort, wo der eine Fluss in den anderen mündet – und ein neuer Radweg beginnt: Die Donau.

Essen, Trinken & Durchatmen

Ein kulinarischer Abzweig

Burgschenke Frauenstein: FÜRSTLICH TRINKEN & TAFELN

Die Burgschenke Frauenstein bietet so ziemlich alles, was man sich für eine fürstliche Einkehr in einer echten Festung nur so wünschen kann: Ein gutbürgerliches Gasthaus mit gemütlichem Biergarten, ausladende Kastanienbäume für kühlen Schatten, eine Freilichtbühne für Theater- und Konzertprogramm sowie weitläufige Ländereien für die aktive Verdauung danach. Besonders für Biker bietet sich das gut 55 Kilometer lange Flussreservat Unterer Inn im Anschluss an Speis und Trank nämlich auch als besondere Landschafts- und Verdauungsrunde an. Einen Teil der Ausstellungsfläche in der Burg Frauenstein ist der außergewöhnlichen Vielfalt im europäischen Schutzgebiet gewidmet und während der Öffnungszeiten auch kostenlos zugänglich. So kann man sich schon vorher ein gutes Bild davon machen, wonach man hinterher so Ausschau hält.

Öffnungszeiten:
Sommer:
Mo – So / 11 – 23 Uhr
Sonst: witterungs- und saisonabhängig

BURG FRAUENSTEIN
Frauenstein 1
A-4962 Mining
+43 7723 21353 (ab 10.30 Uhr)
info@burg-frauenstein.com
www.burg-frauenstein.com

Beidseitig des Flusses verlaufen durch das Inn-Schutzgebiet gut ausgebaute Radwege zur und von der Burg Frauenstein.

Weingut Passau: 1001 FEINE WEINE

Im Weingut Passau wird nicht gekleckert: Allein die Karte der Weinbar klotzt mit 200 edlen Tropfen, während die Vinothek ihre Schätze sogar aus über 1000 erlesenen Lagerpositionen schöpft. Österreich, Deutschland, Italien, Frankreich, Spanien – you name it, we have it! Weil ein gutes Glas in guter Gesellschaft aber noch ein bisschen besser mundet, lädt das Bistro auf Wunsch auch zu Michelin-gekrönten Gaumenfreuden. Wie etwa: Frische Tagliolini aus dem Parmesanlaib mit schwarzem Herbsttrüffel vollendet. Formschön umspielt vom Tropfen nach Wahl. Feinsinnig Essen, Trinken und Erleben gehört zu einem gelungenen Genussabend hier einfach dazu – und wird von Chefgourmet und -sommelier Stephan Öller in der offenen Schauküche auch entsprechend spektakulär in Szene gesetzt. Wenn man ihn dort nach den Inspirationen seiner Leidenschaft fragt, dann lacht der Feinschmecker: Das Leben ist einfach zu kurz für schlechten Wein.

Dienstag - Samstag:
ab 17:30 Uhr
1.Reservierungszeit:
17:30 - 20:00 Uhr
2.Reservierungszeit:
ab 20:15 Uhr
Sonntag, Montag und Feiertage geschlossen

WeinGut Passau
Theresienstraße 28
94032 Passau
+43 (0)851 37 930 500
erleben@weingut-passau.de
www.weingut-passau.de

Variante durch das Saalachtal „Tauernradwegrunde“

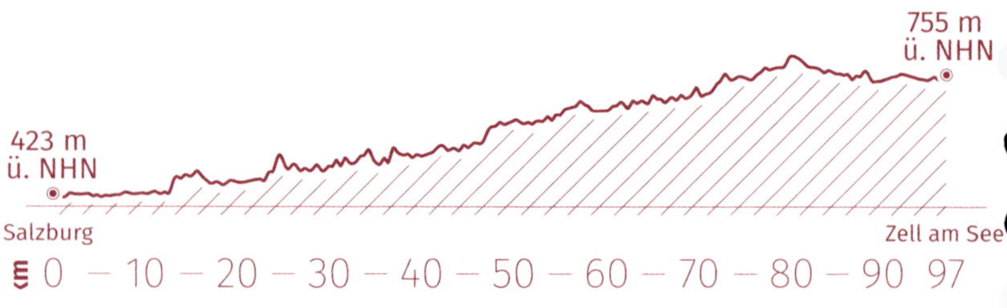

Schloss Leopoldskron

Ist man der Salzach bis Salzburg gefolgt, bietet sich nun eine attraktive Rundtourmöglichkeit, indem man in Richtung Südwesten über das Pinzgauer Saalachtal zurück bis nach Zell am See radelt. Die Route würde sich wohl zusammenfassend gut als „alpine Retro-Radtour" bezeichnen lassen – führt sie doch über den Salzburger Untersberg in das idyllische Bad Reichenhall und dann über die grüne Grenze nach Österreich. Von dort aus treffen Tradition auf alpine Naturlandschaft deluxe, wie das sogenannte „Steinerne Meer", bis man sich erneut in Zell am See ganz der Belle Êpoque widmen kann. Das Saalachtal eignet sich ebenfalls als lohnende Anreisemöglichkeit in den Pinzgau.

Nun starten wir erst mal aus der **Salzburger Innenstadt** **12** in Richtung Schloss Leopoldskron, in dem sogar König Ludwig I. von Bayern, der Onkel von Kaiserin Sisi, eine Zeit lang nach seiner Abdankung lebte. Das Schloss und der dazugehörige Weiher stehen unter Denkmalschutz, in letzterem tummeln sich nicht nur etliche Vögel wie Graugänse und -reiher, der Weiher ist außerdem auch ein städtisches Paradies für Hobbyfischer. Leopoldskron hinter uns lassend, radeln wir raus aus Salzburg-Stadt und in Richtung Gois. Der lange Rücken des **Untersberg** zusammen mit der Silhouette der „schlafenden Hexe" markieren die natürliche Grenze zwischen Deutschland und Österreich. Innerhalb des Massivs befinden sich zahlreiche Höhlen, darunter die Schellenberger Eishöhle und die Riesending-Schachthöhle – mit mindestens 20,3 Kilometern die längste und mit über 1149 Metern die tiefste Höhle in Deutschland. Um die Höhlen und den Berg ranken sich zahleiche **Sagen und Mythen** **20**.

Wissenswertes im Gepäck 20

Die Sage von Kaiser Karl im Untersberg

Eine der bekanntesten Sagen vom Untersberg ist die von Karl dem Großen: Der Sage nach wartet der Kaiser nämlich im Berg auf seine Auferstehung. Alle hundert Jahre wacht er auf und wenn er sieht, dass immer noch die Raben um den Berg fliegen, dann schläft er ein weiteres Jahrhundert. In dieser Zeit wird Karl der Große von den sogenannten „Untersberger Mandln" umsorgt. Das sind Zwergenähnliche Gestalten, die dem Kaiser treu ergeben sind. In einer anderen Version der Sage handelt es sich um Kaiser Friedrich Barbarossa, der in dem Berg bis zu seiner Auferstehung schläft. Sein Bart wächst dabei um einen runden Tisch. Bis zum heutigen Tag passt der rote Bart zweimal um den Tisch. Doch wenn er die dritte Runde beendet hat, dann beginnt das Ende der Welt. Der Untergang mit allen deutsch-römischen Kaisern.

Wenn der Kaiser aber erwachen sollte und den Untersberg verlässt – so manche Varianten – findet die letzte große Schlacht der Menschheit auf dem Walserfeld vor Salzburg statt. Die inhaltlich, zeitlich und lokal unterschiedlich auftretenden Versionen der Sage haben offensichtlich ihren Ursprung in dem Volksglauben, dass irgendwann der Erlöser in Form eines „Friedenskaisers" ante portas steht. In manchen Versionen dieses Narrativs findet jemand den Eingang in des Untersberg-Kaisers Zwergenreich und wird reich beschenkt. Oder es vergehen bei einem kurzen Besuch im Berg währenddessen in der irdischen Welt endlose Jahre.

Der Untersberg bei Salzburg

Die Alte Saline in Bad Reichenhall

Zu unserer Linken sehen wir die Autobahn, die wir unterqueren und in dem Örtchen Marzoll tatsächlich die bayerische Grenze nach **Bad Reichenhall** passieren. Die Stadt nimmt in der bayerischen Geschichte einen besonderen Stellenwert ein. In der kürzeren Zeitgeschichte, aber auch tausende Jahre zurück in der Vergangenheit. Bad Reichenhall blickt nämlich auf eine viertausendjährige Siedlungsgeschichte zurück, die sehr eng mit der Gewinnung von Salz aus Sole verknüpft ist. Das Bad Reichenhaller Alpensalz ist eines der bekanntesten Speisesalze in Deutschland und auch eines der traditionsreichsten: In Bad Reichenhall wird nachweislich seit dem Jahr 696 ununterbrochen Salz hergestellt. Die Saline ist damit eines der ältesten Unternehmen weltweit. Seit der Mitte des 19. Jahrhunderts ist die Stadt außerdem weit über die Grenzen Deutschlands hinaus als Kur- und Urlaubsort bekannt, seit 1890 trägt sie das Bad im Namen und 1899 wurde der Stadt das Prädikat eines Königlich Bayerischen Staatsbads verliehen. Traurige Bekanntheit erlangten die Berghänge rund um Bad Reichenhall und das Berchtesgadener Land zur Zeit des Nationalsozialismus. Das Führersperrgebiet Obersalzberg beherbergte Adolf Hitlers Berghof und einige weitere Gebäude von NSDAP-Größen in der Nachbarschaft.

Typische Königssee-Vedute des 19. Jahrhunderts

Am Saalachsee in Richtung Westen, dann entlang des gleichnamigen Flusses zurück in das Bundesland Salzburg führt die Route durch landschaftliche Highlights des Berchtesgadener Nationalparks auf der einen und der Chiemgauer Alpen auf der anderen Seite. Bei Unterjettenberg biegt die Straße links in Richtung Königssee und Watzmann ab – die Watzmann Ostwand ist nicht nur eine Herausforderung für die internationale Bergsteiger-Elite, sondern auch die höchste Felswand der Ostalpen. Das Watzmann Massiv grenzt im Südosten an das sogenannte **„Steinerne Meer“** 21, dessen Landschaft so romantisch wie sein Name ist.

Blick von Maria Gern auf den Watzmann

Wissenswertes im Gepäck 21

DAS STEINERNE MEER

HERR-DER-RINGE-FEELING IN DEN ALPEN

Das Steinerne Meer ist ein Karsthochplateau zwischen Watzmannmassiv, Königssee, Hagengebirge, Hochkönigstock und Hochkaltermassiv in Bayern und Salzburg. Über 800 Karsthöhlen wurden bisher im Steinernen Meer erfasst, der Dachsteinkalk ist also durchlöchert wie ein Schweizer Käse. Der Ursprung des Hochplateaus liegt allerdings im Meer: Lichtdurchflutet und auf warmem flachen Meeresgrund, so wie die Dolomiten in Norditalien entstanden sind oder die Lagunen der Malediven heute noch anmuten – so sind die Kalkfelsen in abertausend Jahren gewachsen. Das Fundament, auf dem man heute durch diese Berglandschaft wandert, ist auf Muscheln gebaut, die im Urmeer auf den Boden gesunken sind und zusammen mit ihrer Umgebung zu Stein wurden. Die Urtiere und das Wasser sind im Laufe der Millionen Jahre verschwunden, da sich die europäische Kontinentalplatte sukzessive gehoben hat. So wurden aus den Korallenriffen schroffe Berggipfel, die heute als Steinernes Meer bezeichnet werden. Der Name allerdings rührt daher, dass die weiß-grauen Kalkfelsen auf dem Plateau wie ein wogendes Meer aussehen. Der Herr-der-Ringe-Vergleich bietet sich also wirklich an, mystisch wirkt die Landschaft allemal.

Rote Juragesteine im grauen Dachsteinkalk

Breithorngruppe im Steinernen Meer

Kurz vor der Grenze lockt der Haiderhof mit einem Brotzeitgarten inklusive Bio-Hofladen, eine letzte bayerische Kulinarik-Show, bevor wir auf Salzburger Boden weiterradeln. Ab Unken wird das Tal merklich enger, die Saalach kämpft sich unterhalb der Festung Kniepass durch das Gestein. Kurz vor Reith könnte man sich die Beine auch auf einem 15-minütigen Spaziergang in die Innersbachklamm vertreten. Der Saalach entlang führt der Radweg nach **Lofer** 22, einem ganz besonders pittoresken Örtchen. Lofer hatte schon im späten Mittelalter als Poststation einiges an Bedeutung, so siedelten sich etliche Gasthöfe, aber auch Schmiedstätten an. Es folgten Händler und Handwerker – der Ort wurde zum Markt erhoben und florierte bis zum Bau der Giselabahn, die von Salzburg über Zell am See nach Innsbruck führte. Lofer geriet ins wirtschaftliche Abseits. Den wirtschaftlichen Einbruch überlebten allerdings einige der Gasthöfe, heute beliebte kulinarische Einkehrziele, auch der Tourismus nahm die letzten Jahre wieder an Fahrt auf.

Lohnenswerte Schlenker 22

LOFER

VIEL GESCHICHTE AUF WENIG RAUM

Länge des charmanten Umweges: 6,1 km

Viele Jahrhunderte Geschichte auf kleinem Raum, Lofer ist seit Jahrhunderten ein wichtiger Verkehrsknotenpunkt und war lange Zeit ein Stop-over für Postkutschen. Lofer war zudem eine wichtige Relaisstation (Umspann- oder Umsattelstation) für Pferde und deren erzbischöflichen Boten, die Nachrichten von Salzburg nach Venetien brachten. Anders ausgedrückt: Wer von Nord nach Süd musste, stattete Lofer gezwungenermaßen einen Besuch ab. Auch Wolfgang Amadeus Mozart mit seinem Vater Leopold: Die beiden nächtigten auf ihrer Reise nach Italien im Winter 1769 im „Kashaus", der einstigen Pinzgauer Käsesammelstelle. Heute befindet sich darin eine Bankfiliale und an der Gebäudemauer erzählt eine von insgesamt 60 Info-Tafeln an Lofers denkwürdigen Orten jene Geschichte,

Ortskern Lofer

die allein dieses Haus geschrieben hat. So flaniert es sich zwischen etlichen, denkmalgeschützten Gebäuden so spannend, wie man es in einer nur rund 2.000 Einwohner zählenden Marktgemeinde gar nicht vermutet. Prädikat „Sehenswert“: Die Villa Egger aus dem Jahr 1543, vornehm verborgen hinter dem prächtigen Franzosendenkmal, hat – unter anderem – Filmgeschichte geschrieben. Im Jahr 1968, als der britisch-amerikanische Actionthriller „Agenten sterben einsam“ in Lofer gedreht wurde, hat Hauptdarsteller Richard Burton hier mit seiner Frau Liz Taylor ein Frühstück genossen. In der heutigen Frühstückspension mit einem tollen Restaurant buchen sich filmaffine Gäste gerne ins schicke Clint-Eastwood-Zimmer ein.

SALZBURGER SAALACHTAL TOURISMUS
www.lofer.com

Infobüro Lofer: MO - FR: 9-17 Uhr

Lohnenswerte Schlenker 23

DER TRIEFEN WASSERFALL

Naturdenkmal bei Maria Alm

Der Triefen (ebenfalls häufig zu finden: Triffen oder Triafn-fall) ist wirklich kein gewöhnlicher Wasserfall. Das hat seinen Grund: Auf einer Länge von knapp 100 Metern trieft es förmlich aus dem Felsen – daher auch der Name. Das liegt an einer wasserdichten Gesteinsschicht, auf die das Wasser trifft, und ein langer horizontaler Riss, durch den das Wasser dann austritt und aus einer Höhe von zwei bis drei Metern in den darunter fließenden Bach fließt. Dabei bildet sich ein etwa 100 Meter langer Vorhang aus Wassertropfen, der das ganze Jahr beständig den Urslaubach speist. Im Sommer glitzert der Wasserfall wie hunderte Diamanten, wenn ab frühem Nachmittag die Sonne auf den Tropfenteppich scheint.

Die Rundwanderung zum Triefen Wasserfall startet in Hinterthal, circa 40 Radminuten von Maria Alm entfernt. Vom Zentrum des Ortes, direkt an der kleinen Kirche, führt ein Wanderweg immer am mächtig rauschenden Gebirgsbach entlang. Kurz bevor du den Ort verlässt, querst du eine Brücke und wanderst am anderen Ufer in Richtung Wasserfall.

www.hochkoenig.at

Die Triefen im Hinterthal

Tropfenteppich des Triefen Wasserfalls

Die Tauernradwegrunde führt nun ganz gemächlich durch das Saalachtal bis nach Saalfelden. Der Radweg macht hier eine Schleife am Golfplatz vorbei in Richtung Maria Alm. Hier lohnt sich ein Schlenker, um die **Triefen Wasserfälle** 23 zu besuchen.

Kurz vor Maria Alm schwenkt der Radweg zurück in westliche Richtung über die Saalach und dann nach Almdorf. Von hier zieht sich die Route ganz gemächlich über kleine Dörfer und Weiler wie Deuting, Ruhgassing und Gerling. Hier biegen wir rechts ab und finden uns für eine kurze Weile am orographisch linken Ufer der Saalach wieder. Der Zeller See und damit das Ziel dieser Radtour ist schon nahe, hin und wieder erhaschen wir einen Blick auf die Wasseroberfläche, die in der Sonne glitzert. Spätestens ab der Bahnunterführung ist es ein Katzensprung nach Zell am See, vorbei am Yachthafen und der Seepromenade entlang. Kulinarische Tipps, um das Ende der Tauernradwegrunde entsprechend zu würdigen, findest du auf Seite 44.

Essen, Trinken & Durchatmen

Ein kulinarischer Abzweig

„ZUM SCHWEIZER“ – TRADITIONSGASTHAUS IM SAALACHTAL

Seit dem 16. Jahrhundert gibt es im „Schweizer“ eine Speisekarte, die schon die Postkutschen zu einem kulinarischen Stopover zwang. Traditionsküche par excellence. Deftig, aber sehr zu empfehlen, ist das „Gröst'l“, gebratene Kartoffeln mit Spiegelei. Aber auch die Fritattensuppe ist eine Rastpause wert. Wer's nicht kennt: Das sind geschnittene Pfannkuchen in einer Fleischbrühe. Ach ja, und dann wäre da auch noch das Schnitzel, die österreichische Haus- und Hofspeise in Butterschmalz gebacken. Wen es danach nicht zurück auf den Sattel zieht, rastet sich ein wenig auf der Sonnenterrasse aus.

Hotel-Wirts‘haus „Zum Schweizer“
Markt 44
A5090 Lofer
+43 6588 82 38
www.hotel-lofer.com

Der Tauernradweg

Von den Hohen Tauern nach Passau am Inn

Teil 2
Roadbook

START 1
Krimml
Vorderkrimml
Waldim Pinzgau
885
Krimml
1067
Unterkrimml
Oberkrimml
Nothdorf
Lahn
Sulzau
854
Obersulzbachtal
Rosental
Vorder-Waldberg
Vorderwaldberg
Schranz
Kaserer
891
Fink
S.N.P.Camping
Mineralien-museum
968
Sixtkapelle
Kristallbad
1013
Walder-wirt
Schöneben
Jagd-schloss
Oliver-Richie
Venedigerblick
941
Pinzgauer Lokalbahn
Sulzbachtaler Taxi
846
Steiger-hof
Schütthof
Hollis Siggen
891
Fried-burg
Ruine Friedburg
Mineralien-grotte
Marienhof
Falkenstein
1061
Nordic.Walking.Fitness.Park
Ruhegebiet im Winter
Wieser Wald
Weißer Palfen
Bräuergraben
Bannwald
Holztatte
Zangger
Edenlehen
Rabenkopf
1957
Elfer
2124
Glatz
2015
Achkogel
2313
Federspitze
2264
Hochwinkelkarkopf
2348
Zwölfer
2404
Hochschlag
1468
1385
1174
1665
1674
1576
1842
Klockerhaus
WasserWelten Krimml
Krimmler Wasserfälle
Schönangerl
1300
ÖAV-Info
Hanke
1180
Grünberg
Blaubachgraben
Schönmoosalm
1434
Burgeck
Gerlos-Alpenstraße
Alpengasthof Filzstein
Sieben Möser
Mautstelle Gerlosplatte
Samwald
Samalm
Plattwald
Vorderer
Nößlachwand
1519
1225
1150
1164
1244
Novahof
Grübl
Salzach
Blausee
Hopffeld-boden
1067
Dunkelklamm
165
05
2
1

Lohnenswerter Schlenker: Krimmler Wasserfälle 1

Das kurze Stück (<4km) vom Bahnhof Krimml (in Vorderkrimml) nach Krimml zum Ortskern, verläuft auf einem beschilderten Radweg. Mit dem Bahnhof im Rücken auf der Hauptstraße zunächst links Richtung Krimml → ca. 100m → in Rechtskurve die Hauptstraße verlassen und direkt links → über die Krimmler Ache auf unbefestigten, leicht ansteigenden Weg parallel zur Ache bis → erneute Bachquerung und direkt links → das Tagesspeicherbecken umrunden → Hauptstraße überqueren zum **Parkplatz/Fahrraddepot**. Der Rückweg zum Bahnhof Krimml nach Vorderkrimml ist identisch zum Hinweg.

Start am Bahnhof Krimml

❶ Hinter dem Bahnhof rechts auf den Radweg entlang B 165 → bis Campingplatz Viktoria → danach rechts → hinter kleiner Siedlung links → bis Hauptstraße → auf Radweg neben der Straße bis zur Ortschaft Wald → bei Kirche rechts → direkt wieder rechts zum Bahnhof, vor Lagerhaus links und geradeaus auf Radweg bis Brücke → überqueren und rechts → gleisparallel nach Rosental → an der T-Kreuzung rechts →

❷ Die Bahn und die Salzach überqueren → weiter geradeaus (vom Fluss entfernen) in das Obersulzbachtal bis zum Wald → diesen durchqueren und parallel zum Obersulzbach auf asphaltierter Straße bis zur Bachbrücke → diese überqueren und durch die Siedlung Sulzau bis Brücke → Salzach überqueren → Nach 200 m rechts auf Schotterweg →

→ geradeaus bis zu einer

❸ Pension. Dort links → Bundesstraße unterqueren in Marktstraße → rechts zum Marktplatz von Neukirchen und weiter der Marktstraße folgen → Kirche passieren und Bundesstraße unterqueren → Nach dem Bahnhof rechts über über Gleise → Schwimmstelle passieren und vor den Tennisplätzen links und über Salzachbrücke → geradeaus und hinter Pension rechts halten → über Karrenweg durch Wiesen → geradeaus bis zum Ort Schönbach → den Ort passieren und den Habach überqueren.

❹ Links vorbei am Sägewerk in Richtung Ruine Weyer → über Salzachbrücke und Bundesstraße unterqueren → parallel zur Bundesstraße auf Radweg → am Ende links und im Ort Weyer die Kirche rechts passieren → geradeaus vorbei am Campingplatz und Gewerbegebiet → vor der Bundesstraße links und direkt rechts bis zum Ort Bramberg am Wildkogel (3) → geradeaus bis Dorfplatz → Dorfstraße und bei Weggabelung links bis Ortsteil Mühlbach →

❺ Geradeaus bis Ortsteil Dorf → dort rechts abbiegen und Bundesstraße unterqueren → Salzach überqueren und direkt links → geradeaus bis zum Ort Hollersbach → Dorfstraße → Brücke über den Hollersbach und direkt links → geradeaus und Bundesstraße unterqueren →

Mühlbachtal
Plattwald
Platthütte (Jhtt.)
1607
Alpschmend
Sunnseit
1190
Klausnerhof
Klausen
Oberholzlehen
1181
Jochberg
Haidlern
982
Seetal
(So+Wi)
Ober-
krammern
Jochbergthurn
Umerstall
Krammer
Speckerhaid
Sonnberghof
Lahn
Peilberg
Lämmerbichl
Grubing
Schuhbichl
Menwegen
Schweinegg
1156
Schrettlehen
Perill
1063
Mühlbach
Mühlberg
Grub
Törlstein
Schranke
1167
Au
Bergkristall
(Unterau Kreuz)
Moosen
Jugendgästehs.
Geislhof
1136
Nassentalgraben
Hinterer Schleifgraben
1462
Jhtt.
1772
Entscham Hochalm
1768
Filzenhöhe
Wetterkreuz
1921
Arzboden
2041
Riaggeralm
1669
Sonnberg
Jhtt.
Walsberg Hochalm
Wieseraste
1340
Kematanger
Weichseldorfer Graben
Senningeralm
1340
Haslach
Bramberg
am Wildkogel
819
Sportstüberl
Smaragdbahn
(So+Wi)
Weyerbachgraben
Leiten
Weichseldorf
Wolkensteinbär
Walsberg
Museum
Wilhelmgut
Tauern-
blick
Wenns
Steinach
Erlach
Weyer
844
Weyerhof
Pinzgauer Lokalbahn
Habachtal
Einöden
Steiner
Lois
Krapfl
Neureith
Steinbach
828
Sägewerk
Habach
Grundl-
hof
Haus
Habachbodenwald
1259
Letzenbichl
1013
Wennsbach
Grubenhüter
Brenntalwald
1268
Moserinn (Jhtt.)
Angerkopf
1388
Dorfer Wald
Wehrwald
1715
Geralm
Brand
834
Batzingerwirt
Bicheln
165
813
Piccolo
Kirchner
Mühlbach
Pinzgau
Kronau
Imbiss
Auhäusl
Dorf-Passthurn
806
Salzach
Schottergrube
Vitlehen
Kalten-
hauser
Hollersbach
im Pinzgau
807
Kräutergarten
(NP-Werkstatt)
Reitlehen
Hollersbachtal
Hollersbach
Schattberg
Seestube
885
Sahne-
alm
1065
Bürgerbach
904
Hinterer Lachwald
1400
1000

parallel zur Salzach und Pinzgauer Lokalbahn bis zum Ort Mittersill →

6 geradeaus in Lendstraße → Rathausgasse → am Stadtplatz vor der roten Taverne links → Lebzeltergasse → Hintergasse überqueren → Felberstraße → Felbertauernstraße unterqueren bis Ortsteil Felben → rechts in Museumsstraße bis Museum → links halten und Golfplatz passieren bis Wilhemsdorf →

7 dort links und Salzach überqueren → geradeaus und rechts, links dieBundesstraße queren bis Stuhlfelden → bei Dorfgasthof rechts und links am Eingang von Schloss Lichtenau vorbei, das du linksherum umrundest → am Straßenende geradeaus bis Pirtendorf → unterhalb vom Gasthof rechts → direkt links bis Uttendorf zum Lindenplatz →

8 geradeaus über die Dorfbachbrücke → Tobersbachstraße und Tobersbach überqueren → Radweg parallel zur B168 →

Uttendorf
Stuhlfelden
MITTERSILL
Tobersbach
Badesee
Schwarzenbach
Uttendorf-Stubachtal
Manlitzbrücke
Pinzgauer Lokalbahn
Litzldorf
Pirtendorf
Pirtendorfer Talboden
Schloss Lichtenau
Bogendorf Indoor
Salzach
Wilhelmsdorf
Schottergrube
Wilhelmsdorfer Graben
Maria am Stein
Waldkapelle
Burgwies
Heilbad Burgwies
Golfclub Mittersill
Schloss Lambach
Felben
Felberturm Museum
Nationalpark-zentrum
Schloss Mittersill
Thalbach
Klausen
Gugg
Mong
Feldstein
Felbertauern-straße
Ober-felben
Dürnberg
Aigen 1161
Wetterkreuz 1428
Hochreitalm 1302
Sticklhof 1245
Branderhof
Brand
Viehlehen
Hackstein
Wiesen
Haslach
Kranz
Burk
Quettensberg
Liebenberg 1077
Keltendorf "Steinerbichl"
Reichensberg
Liedering
Köhlbichl
Moosen
Berg
Sagmühl
Stubach
Scheitern
Blumberg
Enzing
Ebenwaldalm 1256
Scheibelberg
Felber Berg
Bräuaste
Tannwald
Bamerhof
Vogelstätt
Manlitz
Bameralm
Gruberlehen
Saueck
Hochrain
Mayersberg
Bärenreit
Brenner
Unterehrenfeichten
Oberfeichten
Badhaus

→ geradeaus bis Uggl → in Uggl rechts → Hauptstraße unterqueren → geradeaus über Salzachbrücke →direkt links → parallel zur Salzach bis Niedernsill Ortseingangsschild → Salzach erneut queren und vor Lengdorf rechts → vor der Hauptstraße erneut rechts → bei Haltestelle links → dann rechts über die Brücke und am Fluss entlang bis →

9 Niedernsill → Salzachstraße → vor Tourist-Info rechts in die Jesdorferstraße → durch Jesdorf → Unterwiesstraße über Mühlbach-Brücke bis Hummersdorf → Hummersdorferstraße über Salzach und direkt rechts bis →

10 Piesendorf → Gleise queren und hinter dem Sportplatz rechts in Austraße → rechts über den Bach → rechts auf Krinnerstraße über die Bahngleise → geradeaus → über Salzachbrücke und direkt links → Einödhof → Einödweg → am Umspannwerk vorbei bis → Kaprun → Straßenunterführung → Hauptstraße und Kapruner Ache überqueren → geradeaus neben der Feldstraße →

Hochgitschegg
1612
1070
Steinbach
Ematen
Einöden
Pürchach
Naglköpfl
1090
Erlebnisberg Naglköpfl
Gitschen
1095
Hochgitschen
Naglbauer
Rohrlehen
Silegg
Neue Bubenreuther Hütte
868
Gasteg
Walchen
794
Walcherbach
Mittereckbach
1092 Mittereck
Gosen 1135
Guthunten
Eder
Friedensbach
Friedensbachreit
Hauserberg
1439
Jhtt. 1105
Viehlehen
Guthaus
Ebner
Piesendorfer Graben
Wengerberg 1447
Glocknerblick
Oberberg
Entfelden
1300
Dürnberg
Aufhausen
Rain 799
Matzen
Fürth
Klawunn
Pinzgauer Lokalbahn
Wengerberg
Mitterwirt
Piesendorf
Eschbacher
Tauernhex
Waidachhof
Sinkbrunn
Piesendorf Bad
Piesendorf
785
Hinkelsteinbad
Funpark
Piesendorfer Wiesen
Hst. Fürth-Kaprun
759
Sonja Alpine Resort
754
Drachenflieger-Landeplatz
Fürther Wiesen
TAUERN SPA KAPRUN
Kapruner Ache
Moossiedlung
168
Walchen im Pinzgau
Pinzgauer Lokalbahn
764
Kehlbachwirt
Oberwirt
Pferdemus.
767
Hst. Jesdorf-Bergfried
773
769
Niedernsill
Zur Pinzgauerin
45
50
55
10
Kaserwiesen
Hummersdorf
Dietlgut
764
Schaumberg
Salzach
761
Einöd
Kottingeinöden
Stalln
Pureindl
Bichl
Mühlbach
Oberwies
Unterberg
Mooslehen
Bam
969
Unterholz
1098
Burgeck
941 Winklmann
Schattberg
1085
Rainwiese
Schröck
Schattberg
Zillerbach
Dietersbach
Schaufelberg
1354
Schlapfgrubenhütte (Jhtt.)
Plattalm (verf.)
Mühlbach
928
Maisiflitzer
Vorderweißstein
Kaprun
Unteraigen Museum
Stangerbauer
(So+Wi)
Weißsteinalm
Pichldörfl
Schaufelberg
Großental
Hauserdörfl
Eßreitdörfl
Kaprun
786
Mühle
Kaprun-Werksiedlung
824
MK Maiskogelbahn
(So+Wi)
Maiskogelalm 1544
Saulochalm
1093

→ zum Augebiet Filzmoos → bei der Salzach rechts bis zur Mayereinödbrücke →

⓫ Hier gibt es zwei Möglichkeiten:

I) Direkt nach Bruck an der Großglocknerstraße

Die Brücke nicht überqueren, sondern entlang der Salzach geradeaus, bald parallel zur Neuwiesstraße dem offiziellen Tauernradweg (hier als Variante gestrichelt eingezeichnet) nach Bruck folgen → Straßenbrücke auf Radweg unterqueren und direkt neben dem Campingplatz weiter → vor dem Parkplatz links → Krösenbachstraße überqueren → (Die Route von Zell am See kommt hier von links aus der Kaprunerstraße) → die Gleise unterqueren und auf der Kaprunerstraße parallel zur Salzach weiter zum Zentrum von Bruck.

II) Nach Zell am See (Als unsere Hauptroute weiter beschrieben)

Über die Mayereinödbrücke auf die andere Seite der Salzach → geradeaus auf Kaprunerstraße → vorbei am Flugplatz "Zell am See" → in Linkskurve dem Radweg nach rechts folgen bis Bahnhof „Bruckberg" → Gleise queren und direkt rechts auf Radweg der Pinzgauer Lokalbahn folgen → Bahnhof „Schüttdorf/Areitbahn" → Hauptstraßen B168 / 311 unterqueren → Kitzsteinhornstraße unterqueren → geradeaus bis Kitzstein-

hornstraße → Gleise überqueren → weiter etwa 100m parallel zur Bahn → Schüttbach überqueren und direkt rechts unter der Bahn hindurch → erneut über Bachbrücke zur Porscheallee und hier links einbiegen →

⓬ Geradeaus bis Bahnhof "Schüttdorf/Tischlerhäusl" → geradeaus auf Seespitzstraße und über die Seepromenade bis zum Kapitelziel **Zell am See**.

Aus Norden kommt die Route der "Variante Tauernradwegrunde" (Kapitel 6). Dort wird der Weg von Salzburg durch das Saalachtal bis Zell am See beschrieben. Der Weg eignet sich aber auch als alternative Route von Zell am See über Salzburg nach Passau.

Kapitel 2: **Von Zell am See nach Bischofshofen**

❶ Über die Seepromenade nach Süden in Richtung Bruck → rechts halten in die Seespitzstraße → parallel zur Bahn bis Bahnhof „Schüttdorf" → auf Porscheallee parallel zur Bahn und weiterhin folgen → Schüttdorf verlassen → vorbei an einem Reitplatz →

❷ nach etwa 1 km an kleiner Brücke über den Schüttbach und direkt links → vor Seeuferstraße rechts → die Seeuferstraße queren und geradeaus zwischen Gleisen (rechts) und Seekanal (links) bis Safestraße → rechts zur Bahnunterführung → direkt links → geradeaus → auf Kaprunerstraße über die Salzach → Kaprunerstraße weiter folgen (ab hier ist der Verlauf wieder der des Tauernradweges) → beim Rastplatz links halten und Gleise unterqueren → weiter bis Dorfplatz Bruck → rechts in die Glocknerstraße (4) einbiegen → Bahngleise unterqueren → hinter dem Supermarkt und vor der Ab-/Auffahrt auf die B311 links in die Franz-Lederer-Straße → rechts in die Pichldorfstraße und über Brücke die B311 passieren → an Kreuzung geradeaus über Fuscherachen-Brücke →

❸ links halten in die Mitterhofstraße → beim Kreisverkehr geradeaus → vor der Salzach rechts halten und in Flussnähe weiter auf → Niederhofstraße → in Niederhof links in Staudachstraße →dann rechts in Auweg bis Kendelhof → hinunter zur Salzach und am Fluss entlang auf Kendelhofweg nach Gries → Ort passieren und weiterhin flussparallel →

❹ Über das Wehr die Flussseite wechseln → hinter den Gleisen und vor der Bundesstraße nach rechts → durch die Unterführung in den Ort Högmoos → rechts halten → dem Radweg bis Hasenbach folgen →

Zeller See
Erlbruck
1368
Erlhofplatte
1507
Jagdhütte
Viehhofalm
1493
Wirtsalm
1526
Gernangeralm
1391
Hochegg
Moderegg
1111
Zwieslegg
Rißfeuchten
Gern
Jagereck
Eßreitgraben
Jageregg
886
Bachseiten
Aigen
1087
Tischeggriedel
Hundsbach
Hauser Bach
Kräutlberg
Stein
Steinbach
Winkl
Heuberg
856
Großsonnberg
Brunnock
Brunnockköpfl
1357
Hubertushütte (Jhtt)
1474
Weideckwa
Brandenbach
Bandstätt
996
Kleinsonnberg
Kerschbaum
Grub
Hopfmühlgraben
Gößberg
Thalkent
Hub
Grübl
Lacken
Wengersbach
Högmoos
Hasenbach
Taxhof
Fischhorn
755
Bergern
Hundsdorf
St. Georgen
Gries
746
311
729
739
4
Zacherl-bräu
Zur Post
Hauserdorf
788
Steinbach
Glemmerwirt
837
Kirchenwirt
Fürstau
Hst. Gries im Pinzgau
Schaidmoos
Thannberg
Weidenbach
Alpenhof
70
Bhf. Bruck-Fusch
Salzach
75
Kendlhof
Hainifreit
Blasbichl
Wiesfleck
929
Oberhof
757
Kuchllehen
Reit
Hinterthann
Oberthann
Holzner
Niederhof
Hub
3
4
Pichl
Kalchanger
Kohlschnait
899
958
Kohlschneidgraben
Unter-Reit
Ober-
Hetegg
1019
Kösslriß
Staudachgraben
Kendlhofgraben
1151
Leyreralm
Schaidmoosgraben
1150
Lärchanger
Plattwald
1145
Falkenstein-wand
Höllern
763
Vorfusch
Fischer Ache
Pichlberg
Danklköpfl
Pichlkampen
1422
1518
Marienhütte (Jhtt.)
Hinterthannalm
Plattkopf
1821
Holzneralm
1287
Rollberg
849
Blaikenaugraben
Neun Brünn
1601 Jhtt.
Schaidmoos-Voralm
Wald

→ über kleine Brücke den Kühhanggraben passieren → vor dem Bahnhof "Taxenbach-Rauris" durch die Unterführung unter der Bundesstraße hindurch → Bahnhof Taxenbach-Rauris passieren → geradeaus → Bundesstraße mehrmals unterqueren → links halten →auf Marktstraße zum Ortskern von Taxenbach → Ort durchqueren bis Bundesstraße B311/Tankstelle → links auf Radweg → durch Unterführung →

❺ links und weiter parallel zur Straße → Nicht in den Tunnel fahren, sondern vor dem Tunnel dem Radweg nach rechts folgen →

Seitenwald
Eschenauer Kogel
1646
1306
Bründlinggr.
Steigwand
Metzlehenalm
Hirtenkapelle
Hochploin
Oberweng
Weng
959
Hochreisenberg
Dümbach
Sommerbichl
Wengerbach
March
Meisteinalm
Hackeralm
Hochhub
Unterreisenberg
Lehendl
Berndlau
Zweiling
Mitterstein
Irrstein
864
Goldegg
825
895
Hofmark
Rohrmooser
1242
Amoos
Harlandersäge
Hochberg
Reicherhof
Haitzinggut
Dientenbach
799
Hinterbichl
Trog
873
Holzlehen
936
Hackerhof
Oberwörnsdorf
Berg
Schackendorf
Boden
845
Böndlsee
Kathalm (nur Winter)
Altenhof
828
Gmeinegg
Pesbichl
Seebichl
Seeblick
Eyrsberg
Eschenau
868
Kirchenwirt
Hundsdorf
Schlacher
Wildstein
1049
Buchberg
1234
Reitmayr
Maierhof
Taxbach
Winkl
Auer
Eschenau
Salzach
Mosertennlehen
Hetzenberg
674
Neuhaus
Pichlegg
Mohr
662
Scheiberbauer
Großrohrer
Steinbichl
823
Buchbergdörfl
Buchbergwirt
Gschwandl
Heuberg
Hirschfurth
Entfelden
Buchberg
807
Bründling
Lehenbauer
85
Blaicke
Brandkopf
Bruderau
Lend
663
Achtal
1144
90
Loifarn
Posauner Wirt
722
Entfelden
Berg
Guldhub
311
Gigerach
Embacher
Lehen
Teufenbach
Aluminiumfabrik
Posaun
Ob. Point
Lindlreit
Winterreit
Bergnerdörfl
Sachsbauer
Reitbach
Stoffdörfl
970
Haid
754
Krallachbauer
897
959
Kerschbaum
800
5
Klamm
1115
Lindlreitalm
Salaterbauer
Pilzegg
Urbar
Nöckler
Höhenwart
167
Krämerwirt
Winkl
Klammbauer
Gasteiner Ache
Klammkopf
Edt
Berggolf
Embach
1017
Jhtt.
Zunftreit
997
Klammberg
Schönangerhütte (Jhtt.)
Steinerdörfl
Klammhöhe
810
Klammwand
Auch für Fußgänger gesperrt!
Winkl
1091
Kalvarienberg
Jagdhütte
Kögeralm
1360
Klammstein
Luxkogel
1824
Stoffbauer
1209
1338
Entrische Kirche (Schauhöhle)
Kirchbach
Teufenbach
1125
Maria Elend
Embacher Freiberg
1255
Drei-Waller-Kapelle
Jhtt.
1425
805
Burgblick
Brunntalköpfl
Taxbachhütte
Rauchkögerl

nach dem Tunnel wird erneut die Straßenseite gewechselt → Bach queren → auf Bundesstraße einbiegen (Achtung Verkehr) → nach etwa 500 m rechts abfahren und der Lender Landesstraße L270 entlang der Salzach bis zum Ort Lend folgen →

(Von Lend bietet sich ein langer und recht anstrengender aber lohnenswerter Schlenker nach Bad Gastein an 5 - siehe Seite 55)

→ unterhalb der Kirche den Ort passieren → links halten → über die Brücke an der Gasteiner Ache → nach etwa 1 km die L270 verlassen und rechts in die Klamm-Straße → bergauf und die Unterführung der B311 durchqueren → dann direkt beim Gasthof Posaunerwirt links halten → Bahn unterqueren und geradeaus bis →

6 Ausgleichsbecken Brandstatt → dahinter steil bergab der Straße bis Schwarzach folgen → hinunter ist sehr steil → nach Ortseinfahrt direkt links über die Gleise → rechts über die Kraftwerkstraße → direkt links über die Salzachbrücke →
(Geradeaus ins Zentrum von Schwarzach im Pongau mit Schloss Schernberg 6. Die fast 30 Kilometer von Schwarzach bis Werfen sind als “Sagenhafter Tauernradweg” 8 bekannt)
→ Hinter der Brücke sofort rechts auf der Salzburgerstraße über den Wengerbach → direkt rechts in den Salzachweg und entlag der Salzach stets geradeaus →

→ dem Radweg folgen → durch eine Eisenbahnunterführung → Schotterwerk und Kraftwerk passieren →

❼ Bei der Brücke bietet sich ein Schlenker zur Liechtensteinklamm (7) an. Hierfür die Brücke überqueren und etwa 1,5 km zum Klammeingang fahren.

Um weiter der Hauptroute zu folgen die Brücke nicht überqueren und erst über die zweite Brücke das Ufer wechseln → geradeaus bis Rastplatz →

❽ links über die kleine Brücke weiter auf der rechten Seite der Salzach entlang durch St.Johann im Pongau → immer neben dem Fluss geradeaus → die Orte Maschl und Urreiting passieren →

❾ dann durch die Unterführung der B311 → dem Radweg folgen →

❿ Kraftwerk Bischofshofen passieren → weiter auf Graslaustraße →

Gainfeldwasserfall
Ruine Bachsfall
Blahütten
Segmann
Bürglhöh
Götschen-kapelle
668
Hochmoos
Taxen
164
Mitterberghütten
Liebherr-Werk
115
Laubichl
Stein
719
Bischofs-hofen
10
Buch-berg
Graßl
Jung
Trigl
Zum Dorfer Gut
742
Oberbichl
Grub
Salzach-Staustufe
827
Rainberg
Englmair
Neumoar
Scharten
772
Fabrik
Kohlmaißhöhe
1198
Mitteregg
Zoss
Lange Brücke
9
Hoch - Rohnbergeralm
1080
Hanif
Hochstein
1148
Schwaig
Höch
559
Pilzegg
Urreiting
110
Urreitingbach
(verf.)
Singermoos
Vorderburgschwaig
Altach
Einöden
Zimmerberg
Auhof
781
Huttegg
Lottermoos
Niederstalln
Rothof
Hutteggraben
1086
Ofenlehenalm
Rieling
584
Palfner Dörfl
Palfner Bach
Speedway Rennbahn
Maschl
Helmberg
(verf.)
Beermaißbühel

Kapitel 2: Von Zell am See nach Bischofshofen

→ die Salzach direkt an der ersten Stegbrücke überqueren → Bahnunterführung → rechts auf der Molkereistraße zum Rathausplatz/Kreisverkehr → zweite Ausfahrt auf die Dr. August-Heinrich-Straße → rechts auf Franz Mohshammer Platz und der Bahnhofstraße ins Zentrum folgen.

❶ Von der Bahnhofstraße geradeaus in die Salzburger Straße → 2. Ausfahrt vom Kreisverkehr in die Siedlungsgasse parallel zu den Gleisen →

❷ nach rechts die Gleise unterqueren und dem Freizeitweg folgen → am Straßenende bei der Tennishalle links auf den Tauernradweg über die Salzach → vor der Freizeitanlage die erste Gleisunterführung nach links nutzen → direkt rechts und dem Radweg folgen → B99 unterqueren → auf Sinnhub-Straße entlang der Gleise geradeaus → weiter zwischen Fluss und Bahn stets geradeaus bis zum Bahnhof von Pfarrwerfen → hier über die Salzachbrücke das Ufer wechseln und rechts → Salzachbrücke Imlau unterqueren → Wasserkraftwerk Werfen passieren und weiter bis zur nächsten Salzachbrücke. →

(Hier rechts über die Brücke zum Bahnhof Werfen und dem Linienbus-Parkplatz der Eisriesenwelt 9. Auf dem Fahrrad die steile Bergstraße zu bewältigen ist sehr anspruchsvoll.)

❸ → bei der Brücke links → Bundesstraße unterqueren → der Marktstraße folgen und Werfen passieren → am Ende der Marktstraße auf die Bundesstraße links einschwenken → weiter durch Tenneck, vorbei an mehreren Steinbrüchen →

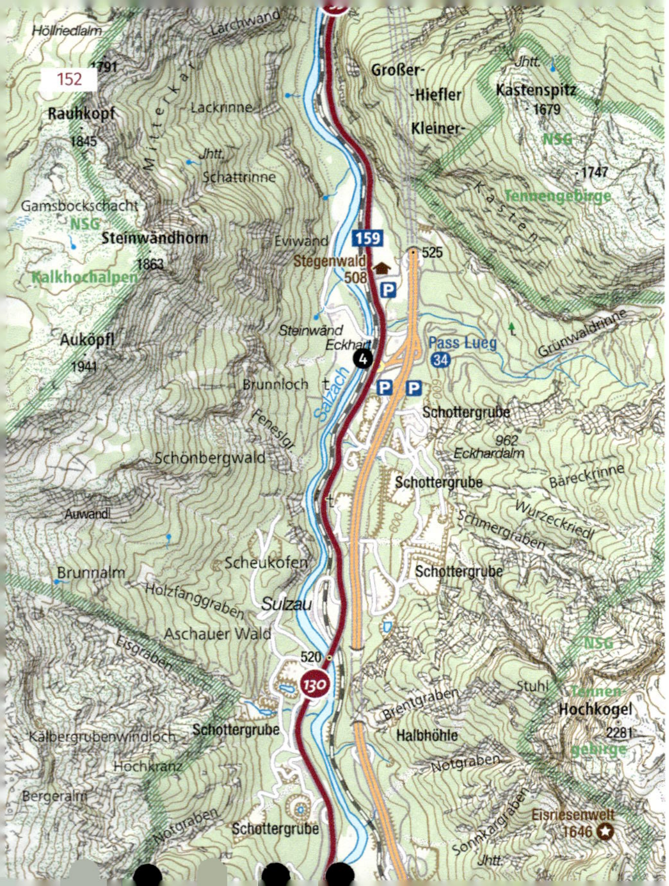

→ über die Salzach und weiter bis zum Kreisverkehr →

❹ hier die zweite Ausfahrt nehmen und der Bundesstraße weiter folgen → Fahrsicherheitszentrum passieren → Pass Lueg (Salzachöfen ⓾) → stetig bergab auf der B159 → Brücke über die Lammer →

❺ 500 m nach der Brücke beim Hinweisschild zum „Moartal" die Bundesstraße verlassen und links in die Moartalstraße abbiegen → Bahnunterführung und kurz danach bei der Siedlung rechts in den Stieglerweg und weiter geradeaus auf Karrenweg durch Felder →

❻ auf Stieglerweg weiter den Autobahnzubringer unterqueren → rechts in Moartalstraße → gleich links in Siedlungsstraße → am Ende rechts in die Salzachstraße → geradeaus bis T-Kreuzung → links über die Salzachbrücke → geradeaus der Wasserfallstraße durch Torren folgen → Autobahn unterqueren und sofort rechts → hinter der Ansiedlung links halten bis →

❼ vor den Landgasthof Torrenerhof → hier rechts halten und der Weißenbachstraße folgen → kleine Brücke überqueren → geradeaus und Autobahn unterqueren →

Golling a. d. Salzach
Scheffau am Tennengebirge
Unterscheffau
Grifterer
Kratzerau
Taxgut
Mayerhofer
Rußegg
Staller
Bachrain
Kellau
Egger
Riersberg
Hiasen-bauer
Rabenstein
Haareck
Hinterkellau
St. Anton
Haarberg
Mehlstein
Oetzer
Reiter
Aschner
Ziegelofen
Aqua Salza
Hauslwirt
Egelsee
Mitterbach
Golling-Abtenau
Aubauer
Sulzau
St. Nikolaus
Haschberg
Schwarzb.
Schöne Aussicht (Fr-So geöffnet)
Kößlgut
Ramsegg
Gasteig
Loher
Weißenbach
Gollinger Wssf.
Brenner-wirt
Lacher
St. Bartholomäus
Klemmstein
Hofer
Pegel
Torren
Golling
Steghof
Göllhof
Lanzen
Golling-Ost
Raststation Golling-West
Tannhauser
Bluntaumühle
Straßhof
Dechl
Obergäu
Kan
Duschenwirt
Pichler
Wirrau
Pointwirt
Lammer
Salzach
Luegwinkl
Lammeregg
Kuchlbach
Zimmerau
Ramserwiese
Pass Lueg
Struberdenkmal
Maria-Brunneck
Zementwerk
Salzachöfen
Kroatenhöhle
Ofenau
Kalkwerk
Hollerer Berg
Arbeskogel
Ofenauer Berg
Lueg-Palfen
Spansagelwand
Langtal
Bierloch
Bergerhöhle
Schildkarhütte
Wirreck
Schächte im Bergeralpl
Kleiner Göll
Bärenstuhl
Vorderes Freieck
Gruberhorn
Schönbachkopf
Grutered
Jhtt.
Bluntautal
Bluntauseen
Torrener Bach
Sommerauwald
Bluntauegg
Tannhausberg
Ebenwald
Bärenhütte (Bärenhof)
Kratzalm
Spitzhäusl (Jhtt.)
Müllnerköpfl
Kratzspitz
Bluntauwasserfall
Bärenloch
159
A10
E55
162
28
145
140
135
10
5
6
7

→ weiterhin der Weißenbachstraße folgen → vorbei an Salzachbrücke bei Kuchl → Unterweißenbachstraße folgen →

8 Autobahn überqueren → den Ort Stockach verlassen und länger durch Wiesen oberhalb der Salzach fahren → der Weg wird zum Sonnenscheinweg → Gamperstraße-Süd →

9 Am Ufer der Salzach angekommen nach links in den Pingitzzerkai einbiegen und stetig am Ufer bis Hallein Salzachbühne/Griesplatz → links halten und den Platz überqueren → links in Griestorplatz → rechts in Griestorgasse → durch Griestor und über kleine Brücke bis → Bayrhamerplatz → links in Richtung Unterer Markt → der Straße nach rechts folgen → Justin Robertplatz → direkt rechts in die Dr. Albert Ederstraße → den Pflegerplatz und anschließend den Pfannhauserplatz überqueren → geradeaus in Schiemerstraße → Josephine-Lindorfer-Platz → beim Schifferplatz rechts halten und zum Ufer der Salzach fahren → Colloredobrücke unterqueren → direkt am Fluss der Fürstenstraße folgen → Staustufe Hallein passieren und weiter bis →

10 Kaltenhausen/Kaltenhausenersteg. (Zum Braugasthof biegt man kurz vor dem Steg links in den Elsenheimerweg ein und hält sich an dessem Ende rechts.)

→ Unsere Hauptroute überquert nicht den Steg und verläuft dem Radweg folgend am linken Salzachufer (Naufergenufer) nach Norden bis Salzburg. Ein alternativer fast durchgehender Radweg existiert ab hier auch auf der anderen Seite der Salzach.

→ Kaltenhausen verlassen →Rehhofsiedlung →

→ Rif → Rifer Steg über die Königsseeache → dahinter direkt rechts weiter → Unterquerung der Tauernautobahn (A10) → beim Kraftwerk Urstein geradeaus → Waldbad Anif **11** passieren → Brücke Hellbrunner Landstraße unterqueren → Beginn Siedlungsbereich Salzburg Süd → Radweg auf Treppelweg folgen → durch Josefiau → weiter auf Trepplweg → Franz-Hinterholzer-Kai bis → **Karolinenbrücke.** Salzburg **12** ist erreicht.

Hier bietet sich die Möglichkeit durch das Saalachtal zurück nach Zell am See zu fahren und damit die „Tauernradwegrunde“ abzuschließen. Näheres dazu in Kapitel 6.

Kapitel 4: Von Salzburg nach Braunau

1 Start bei der Karolinenbrücke am linken Ufer der Salzach in Richtung Nordwesten → Radweg folgen → Franz-Josef-Kai → Eisenbahnbrücke unterqueren → nach etwa 150m links halten und über die Lehener Brücke auf die andere Flussseite wechseln → dem Radweg auf dem Josef-Mayburger-Kai nach Norden folgen →

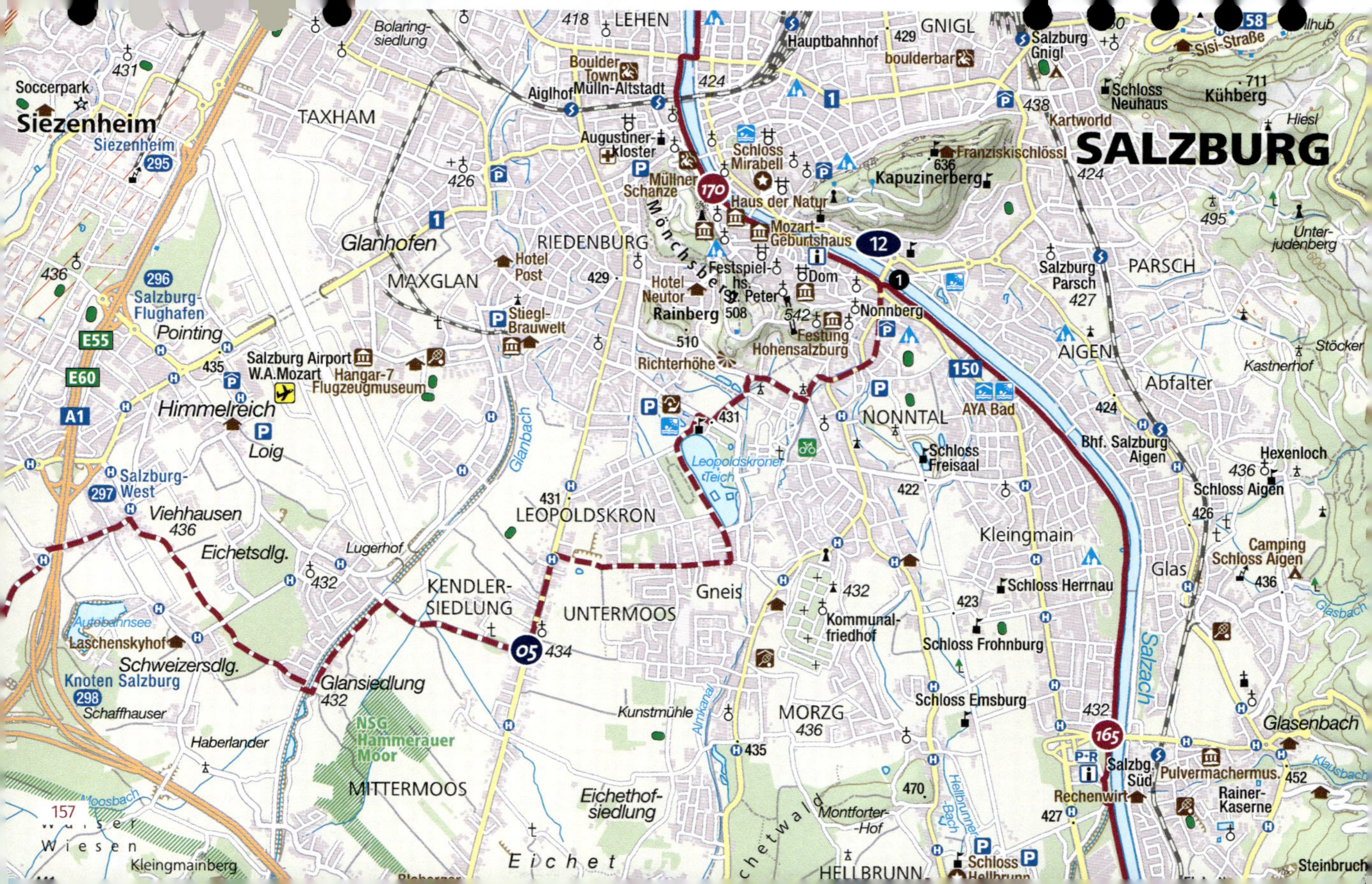
SALZBURG
Siezenheim
Soccerpark
TAXHAM
Bolaring-siedlung
LEHEN
Hauptbahnhof
GNIGL
boulderbar
Salzburg Gnigl
Sisi-Straße
Schloss Neuhaus
Kühberg
Kartworld
Franziskischlössl
Kapuzinerberg
Boulder Town
Aiglhof
Mülln-Altstadt
Augustiner-kloster
Schloss Mirabell
Müllner Schanze
Haus der Natur
Mozart-Geburtshaus
Mönchsberg
Festspiel-hs.
Dom
St. Peter
Hotel Neutor
Rainberg
Festung Hohensalzburg
Nonnberg
Richterhöhe
RIEDENBURG
Hotel Post
MAXGLAN
Glanhofen
Stiegl-Brauwelt
Salzburg Airport W.A.Mozart
Hangar-7 Flugzeugmuseum
Salzburg-Flughafen
Pointing
Himmelreich
Loig
Salzburg-West
Viehhausen
Eichetsdlg.
Lugerhof
Glanbach
LEOPOLDSKRON
Leopoldskroner Teich
KENDLER-SIEDLUNG
UNTERMOOS
Gneis
Autobahnsee
Laschenskyhof
Schweizersdlg.
Knoten Salzburg
Schaffhauser
Glansiedlung
Haberlander
NSG Hammerauer Moor
MITTERMOOS
Kunstmühle
Almkanal
Eichethof-siedlung
Eichet
Kleingmainberg
Walser Wiesen
Moosbach
MORZG
Kommunal-friedhof
Montforter-Hof
Hellbrunner Bach
HELLBRUNN
Schloss Hellbrunn
Schloss Emsburg
Schloss Frohnburg
Schloss Herrnau
Kleingmain
NONNTAL
Schloss Freisaal
AYA Bad
Salzach
AIGEN
Abfalter
Bhf. Salzburg Aigen
Salzburg Parsch
PARSCH
Unter-judenberg
Stöcker
Kastnerhof
Hexenloch
Schloss Aigen
Camping Schloss Aigen
Glas
Glasbach
Glasenbach
Klausbach
Salzbg. Süd
Rechenwirt
Pulvermachermus.
Rainer-Kaserne
Steinbruch
Hiesl
E55
E60
A1
1
12
150
170
165
05
295
296
297
298
158
711
636
418
424
429
438
495
426
427
431
432
434
435
436
422
423
470
452
508
510
542

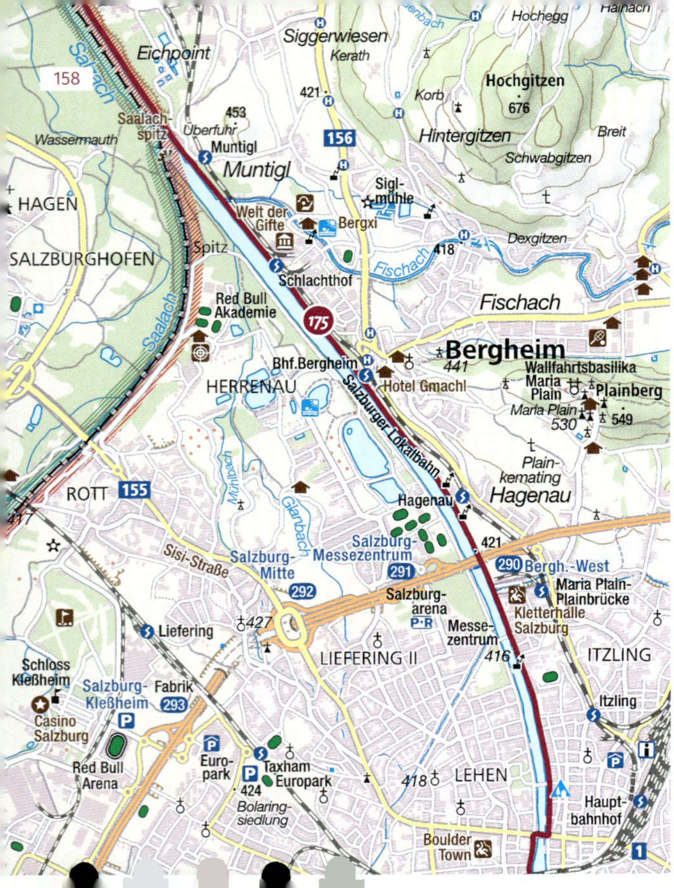

→ Kraftwerk Lehen passieren → Westautobahn A1 unterqueren → Umspannwerk passieren → ab dem Bahnhof Bergheim wieder dem offiziellen Radweg folgen → Fischach-Brücke überqueren → 7km dem Radweg folgen. Dabei zunächst die Deponie passieren und dann naturnah zwischen Salzach und dem waldreichen Natura 2000-Gebiet Salzachauen. →

❷ dann dem Radweg rechts in den Auwald folgen → kleine Brücke passieren → auf der Forststraße rechts halten, Gleise überqueren und direkt links in die Fürwagstraße einbiegen und dieser für 600m folgen →

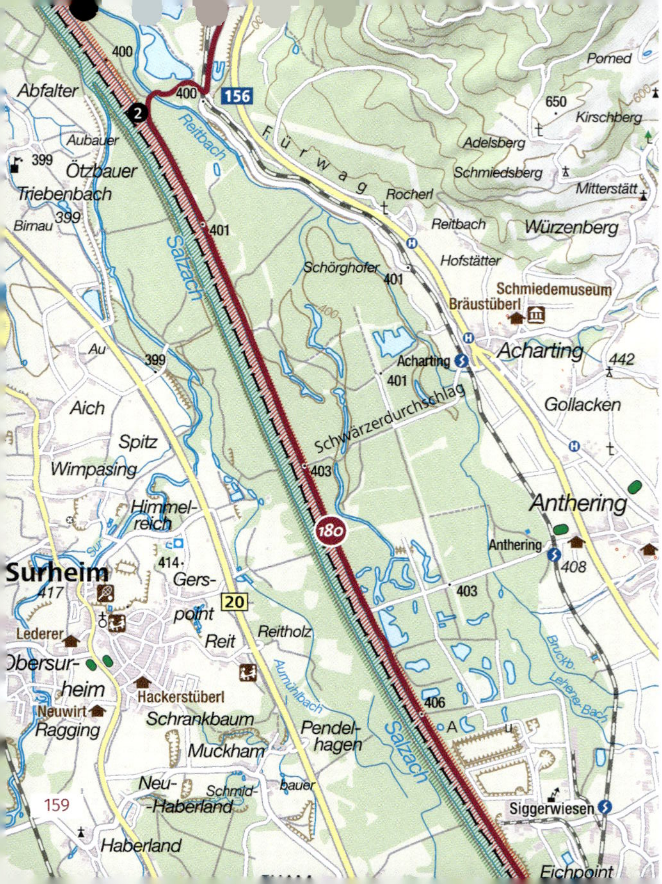
Abfalter
Aubauer
Ötzbauer
Triebenbach
Birnau
Reitbach
Fürwag
Salzach
156
2
180
20
Rocherl
Adelsberg
Schmiedsberg
Kirschberg
Mitterstätt
Pomed
Würzenberg
Hofstätter
Schörghofer
Schmiedemuseum
Bräustüberl
Acharting
Gollacken
Schwärzerdurchschlag
Anthering
Au
Aich
Spitz
Wimpasing
Himmel-
reich
Surheim
Gers-
point
Reit
Reitholz
Lederer
Obersur-
heim
Hackerstüberl
Neuwirt
Ragging
Schrankbaum
Muckham
Pendel-
hagen
Aumühlbach
Neu-
-Haberland
Schmid-
bauer
Haberland
Bruckb.
Lehener-Bach
Siggerwiesen
Eichpoint

Lettensau
Bubenberg
Vollern
Wimpassing
Salzach
Aglassing
Buchach
Haidenöster
Sundlgut
Mittergöming
Ehringhof
Bulharting
Wachtberg
500
Eberharten
412
Aschbach
Höfen
Höfener Stausee
Erlach
Justizvollzugsanstalt
431
414
Osing
Lebenau-Forstgarten
Osinger Wald
Lebenauholz
Maria-Bühel
Bichlhaiden
Ziegelhaiden
Göming
Kirchgöming
Kreuzerleiten
Kemating
Mühlfeld
Gastag
Stille Nacht-Kapelle
13
Salitergut
Hellbauerhaus
Mayrhof
Furt
Groß-
444
Pointlau
-olching
Kroisbach
Klein-
Totenberg
432
436
Schrankbaum
Steinbachl
Straß
Letten
Neuarbisbichl
Europa-steg
Oberndorf Bahnhof
Maria Himmelfahrt
190
OBERNDORF
bei Salzburg
401
Lindach
Dreimühlen
Lukasedt
442
Streitwies
Harpfetsham
Pfaffing
Schnapping
Kulbing
20
404
Hasenhaus
Stockham
Arbis-bichl
Biburg
Kapuziner-hof
Salzach-brücke
4
Oberndorf-Stadt
Wimm
14
Traunsteiner Hof
437
Laufen
Esinger Mühle
LAUFEN
a.d. Salzach
Haiden
Baumgartenöd
Steinbach
Burgfeld
403
Haarbruck
156a
Oichtensiedlung
Oichtenbach
Schröck
Sankt Pankraz
Schlößl
Esing
Berg
442
459
457
Hötzling
467
438
Hagmühl
Schinderbach
420
Kletzling
396
Salzburger Lokalbahn
Gastein
445
574
Au
b. Stögen
Froschham
Oberhaslach
Unterhaslach
Arzenpoint
Weitwörth
395
398
Weitwörth-Nußdorf
Leobendorf
456
Seeleiten
Moosham
Mayerhofen
394
Schottergrube
Oberdorfer
Weidmoos
429
Seebad
Oberheining
Lepperding
Sturz
185
Pabing
Haunsberg
835
432
444
Klinik
Abtsee
Daring
396
Dax-mühle
Reitbach
Pabing
403
3
Haarmoos
Weidmoosgraben
406
Seethal
Fisching
Thannberg
Niederheining
399
400

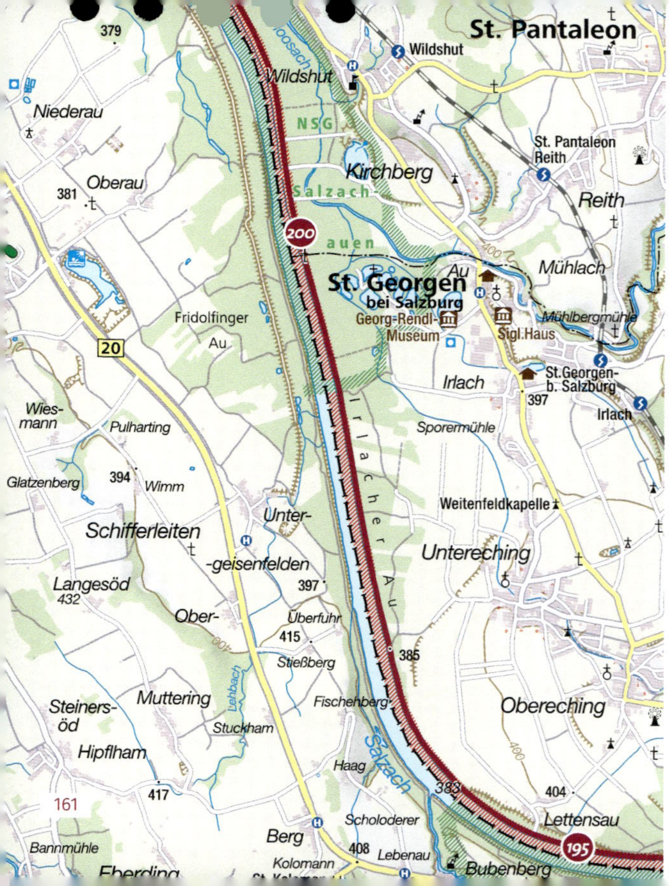

❸ nach 600m links und vorbei an der Haltestelle Nußdorf Pabing über die Bahngleise → sofort rechts dem parallel verlaufenden Weg folgen → Haltestelle Weitwörth-Nußdorf passieren → Gleise erneut passieren und links halten über Oichtenbrücke → sofort rechts und links dem Radweg parallel zur Salzburger Straße B156a nach Oberndorf **13** folgen.

❹ hinter dem Supermarkt-Parkplatz links und vor den Gleisen rechts → direkt links in die Marktstraße und über die Gleise → geradeaus und am Ufer rechts → die historische Salzachbrücke **14** „Länderbrücke" und Touristinformation passieren → links halten, auf dem Radweg weiter geradeaus der Flussschleife folgend → auf Höhe der Stille-Nacht-Kapelle rechts halten und vom Ufer auf die Promenade und die Schöffleutgasse einbiegen → geradeaus in die Uferstraße und dieser folgend das Siedlungsgebiet von Oberndorf verlassen → entlang der Irlacher Au in Richtung Norden → Naturschutzgebiet Salzachauen (Grenze Salzburg/Oberösterreich) →

TITTMONING
Museum Rupertiwinkel
454
20
Allmoning
Schmerbach
Enichham
Hörzing
Elsenloh
Kirchheim
Linerding
Gramsam
Piesenberg
404
Großmühltal
Mühlbach
Mayerhofen
Hotel Inspiration
Stillbach
Holzhausen
Fürst
Hof
391
Hainach
Wies
376
Roibach
Waldering
375
Feldhub
Seebach
Götzinger Achen
Hornis
Nilling
Abtenham
Pietling
411
Kaltenbrunn
Brunn
Dietwies
Felm
398
Steinbach
Großbach
NSG
Salzachauen
Ostermiething
423
Salzach
NSG
Salzachauen
205
Freizeit- und Sportzentrum
Plossau
Polsing
Kechham
378
Haslau
379
Riedersbach
Riedersbach-Siedlung
5
Moosach
Döstling
Sinzing
Ernsting
Gumpling
Ostermiething
Roidham
Diepoltsdorf
Diepoltsdorf
Mukenham
Galerie im Kraftwerk
Stahlpark
Hollersbach
Trimmelkam
Trimmelkam
Stockham
Esterloh
Salzburger Lokalbahn
Eiferding
Eiferding
Wildshut
Ed
Wimm
Ortholling
463
Haigermoos
Stein
Weyer
Schmieding
Vorderberger Siedlung
Pirach
443
Söllham

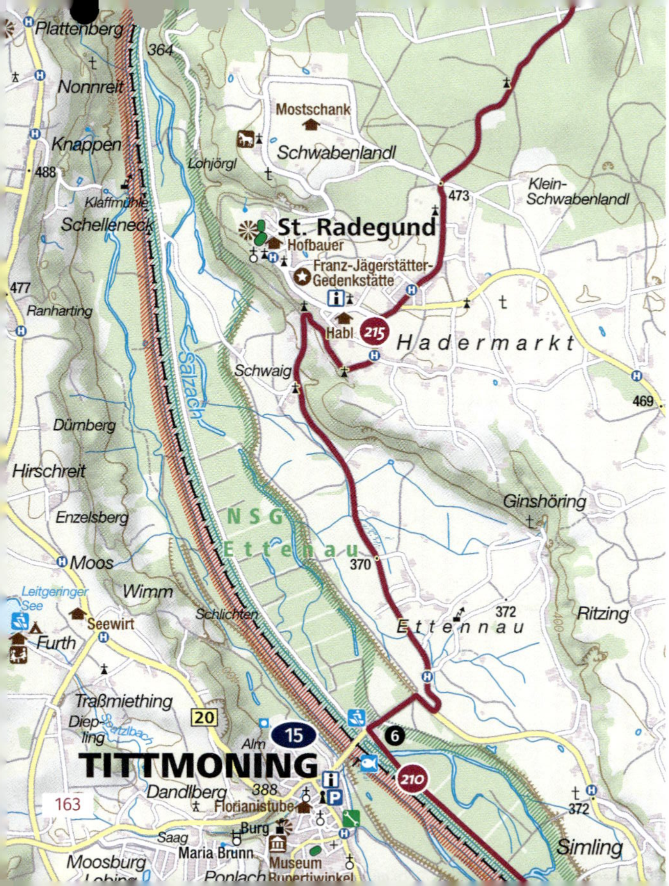

❺ Auf Höhe der Riedersbachsiedlung wird die kleinen Moosachbrücke überquert → danach links und weiter dem Radweg durch das NSG Salzachauen folgen → Auf der anderen Salzachseite erscheint Tittmoning. Der Stadtplatz im typischen Inn-Salzach-Stil **15** und die Burg sind mit Sicherheit einen Besuch wert.

❻ Auf Höhe der Salzachbrücke-Tittmoning verlässt der Radweg das Ufer → an dessem Ende rechts in die Ettenauer Straße einbiegen und nach der Rechtskurve direkt links in Richtung Ettennau → steil bergauf und vorbei an St.Radegund → geradeaus der Hadermarkt / Radegunder Straße durch den Oberen Weilhartsforst folgen →

❼ Nach fast 5km endet der Wald → Vor der Kreuzung bei Hausnr. 32 halblinks einbiegen und die zweite wieder links in die Holzgassen fahren
→ am Ende rechts in Burgblick
→ die nächste links nach Wanghausen
→ an der Kreuzung geradeaus und der Straße zügig bergab bis zum Uferweg an der Salzach folgen
→ rechts einbiegen
→ die Neue Brücke unterqueren und weiter bis zur Alten Brücke bei Ach unterhalb von Duttendorf und direkt gegenüber der historischen Altstadt Burghausen samt Burg. →

Um zum kleinen Grenzübergang Ach zu gelangen, muss man den Radweg etwa 450m vor der Alten Brücke, auf Höhe zweier Schranken und Parkplatz, verlassen und auf die Weilhartstraße wechseln. Dieser folgt man bis zur nächsten Rechtskurve und fährt dort bei der Bäckerei Ployer geradeaus zur Brücke.

→ etwa 800m nach der Unterquerung der Brücke zweigt der Tauernradweg rechts ab und führt steil bergauf nach Duttendorf/Athaler Siedlung →

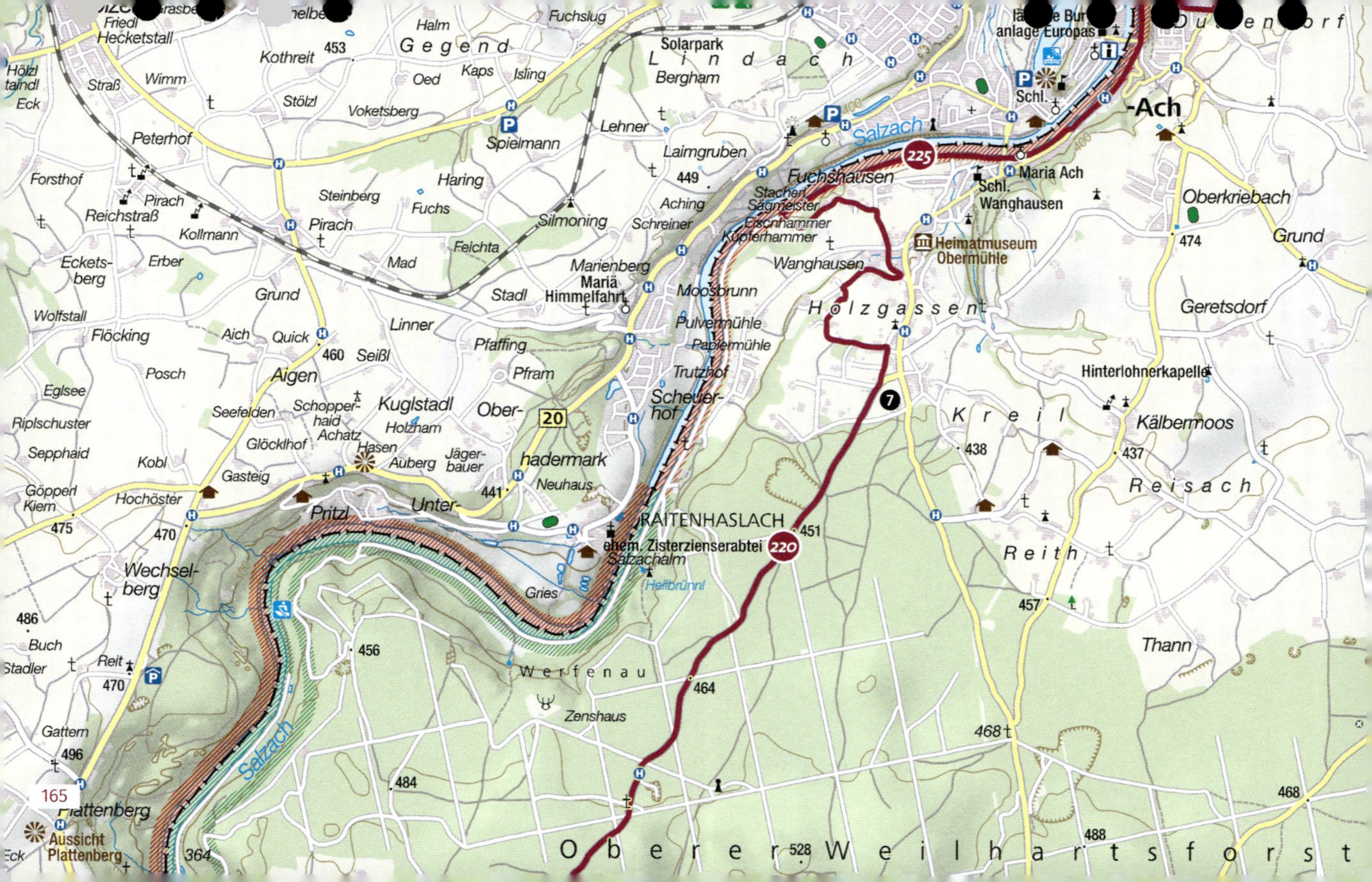
Oberer Weilhartsforst
Salzach
RAITENHASLACH
ehem. Zisterzienserabtei
Salzachalm
Heilbrünnl
Heimatmuseum Obermühle
Maria Ach
Schl. Wanghausen
Fuchshausen
Holzgassen
Wanghausen
Kreil
Reisach
Reith
Kälbermoos
Hinterlohnerkapelle
Geretsdorf
Oberkriebach
Grund
Thann
Werfenau
Zenshaus
Gries
Neuhaus
Unter-hadermark
Ober-
Pritzl
Wechsel-berg
Plattenberg
Aussicht Plattenberg
Lindach
Gegend
Solarpark
Bergham
Lehner
Laimgruben
Aching
Schreiner
Marienberg
Mariä Himmelfahrt
Moosbrunn
Pulvermühle
Papiermühle
Trutzhof
Scheuer-hof
Stachet
Sagmeister
Eisenhammer
Kupferhammer
Silmoning
Spielmann
Haring
Fuchs
Feichta
Mad
Stadl
Linner
Pfaffing
Pfram
Kuglstadl
Holzham
Auberg
Jäger-bauer
Hasen
Achatz
Schopper-haid
Seefelden
Glöcklhof
Gasteig
Hochöster
Aigen
Seißl
Quick
Aich
Grund
Pirach
Steinberg
Kollmann
Erber
Reichstraß
Pirach
Forsthof
Eckets-berg
Wolfstall
Flöcking
Posch
Eglsee
Riplschuster
Sepphaid
Kobl
Göpperl
Kiem
Buch
Stadler
Reit
Gattern
Peterhof
Wimm
Straß
Hecketstall
Friedl
Kothreit
Stölzl
Voketsberg
Oed
Kaps
Isling
Halm
Fuchslug
Hölzl
Eck
Schl.
-Ach
7
20
220
225
451
464
484
456
441
460
470
475
486
496
364
449
453
438
437
457
468
488
528
474

Holzfelder Forst
Südliches Hauptgeräumt
20
Kemerting
401
Piesing
Motzenbrunn
Au
Hub
Neuhofen
N S G
Salzach
389
Mühltal
Überackern
356
8
235
Berg
373
Kreuzlinden
394
398
Gelbes Kreuz
403
401
398
396
Unterer Weilharts-forst
Badhöring
Erlebnis-bad
Aufhausen
379
403
398
Grünes Kreuz
Kümmernis-kapelle
Seehof
Rotes Kreuz
Weißer Schacher
Bierberg
Weng
408
Kreuzfelsen
Endt
Fotomus.
Stadtmus.
Wöhrsee
längste Burg-anlage Europas
Duttendorf
Unterkriebach
Grünhilling
Jägertaferl
414
Weidenthal
406
Alzkanal

→ In Duttendorf weiter auf Birkenweg → links in Athalerstraße und am Ende in die → Braunauerstraße → Weilhart Landesstraße → nach 700m links in die Schlossstraße → immer geradeaus durch Weng und anschließend durch Wald hinab nach Überackern. → am Siedlungsbeginn links →

❽ dann rechts und geradeaus auf die Dorfstraße an der Kirche vorbei → die Straße führt aus dem Ort und leicht bergauf → oben angekommen ist rechts eine große Antenne zu sehen → Hier links auf die Weilhart Landstraße in Richtung Braunau am Inn einbiegen und der Straße länger durch den Unteren Weilhartsforst folgen → (kurz vor dem nächsten Wegpunkt existiert links der Straße ein lohnenswerter Aussichtspunkt „Inn-Salzach-Blick“)

❾ Nach 5,3km links in Richtung Ratzlburg einbiegen → dem Weg hinunter an das Inn-Ufer folgen. (Zwei Kilometer flussaufwärts mündet die Salzach in den Inn) → Auf dem Radweg direkt am Inn nach Braunau →

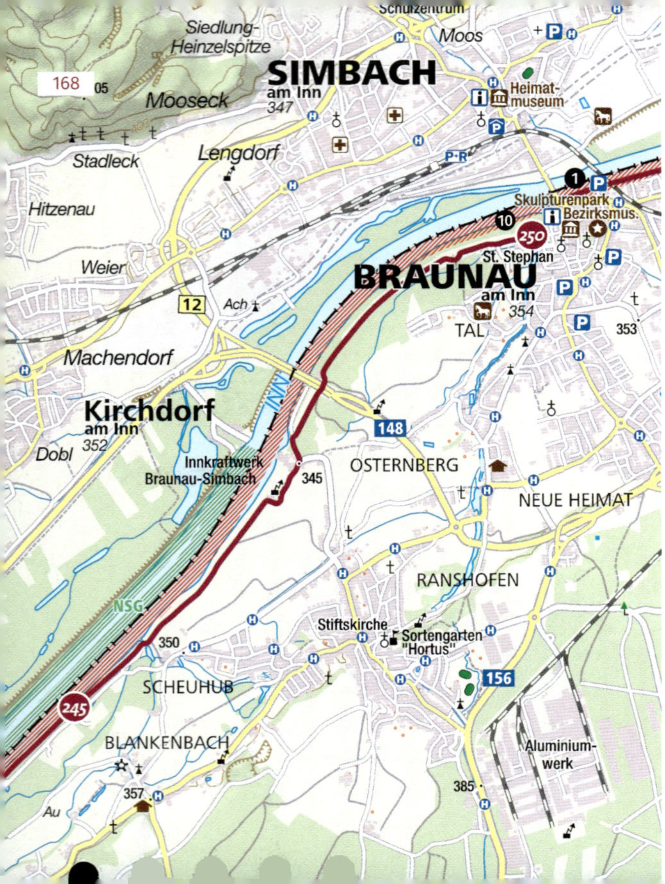

Kapitel 4: Von Salzburg nach Braunau

→ vorbei am Innkraftwerk Braunau-Simbach und Unterquerung der Innbrücke Braunau-Kirchdorf (B148) →

10 vor der Stadtmauer/Herzogsburg (unterhalb der Stadtpfarrkirche St. Stephan) nach links dem Dammweg folgen → Innbrücke Braunau-Simbach unterqueren und direkt rechts durch den Tunnel in die Stadt → Theatergasse → rechts in die Linzer Straße zum Stadtplatz.

Kapitel 5: Von Braunau nach Passau

1 Vom Stadtplatz zurück zum Radweg am Inn wie Hinweg → Linzer Straße → Theatergasse → Tunnel zum Ufer → dort rechts und Bahnbrücke unterqueren →

Ering
340
Pildenau
Jetzing
Pettenau
Roßbach
Lichtenburg
Schachen
Schwarz-
mühl
Ober-
-schwarzenhof
Rabing
Engstall
Datten-
bach
Aufnberg
458
Pichler
Harham
Koblstetter
Wolfsegg
Denk
Schellenbergbach
Steinermann
Engshub
Plenkl
Prienbach
Buch
Edmaier
Scheiblhub
Staudach
Dötling
Mühlau
WINKLHAM
468
Dietmaning
WALTERSDORF
12
Grießer
Hardt
Sommerkeller
Auggenthal
Eglsee
Heitzing
Europareservat
Unterer Inn
NSG
INN
260
255
Mining
Kaltenau
340
Aham
Schickenedt
Hundslau
349
Schloss
Hagenau
Hagenau
im Innkreis
Schloss
Bogenhofen
3
Bogenhofen
Öpping
358
Alberting
Hagenau
im Innkreis
Bergham
Unterbergham
Neubergham
Guggenberg
Heitzenberg
ERLACH
SIMBACH
am Inn
347
2
Reikersdorf
Bründl
Nöfing
HÖFT
BRAUNAU
am Inn
354
LAAB
344
Barockstraße
Skulpturenpark
Valentins-
brunnen
Dietfurt
Mooswiesen
Moos
Mattig
353
Jahrsdorf
HASELBACH
148
E552
St. Peter
am Hart
Hart
Haarwaldt

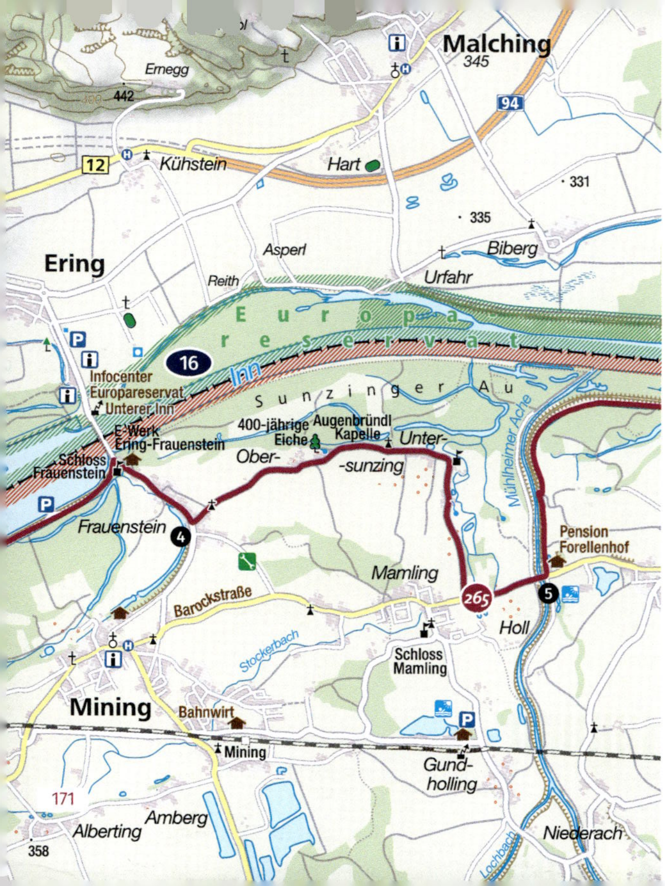

→ Uferstraße → Braunau am Inn verlassen → Kläranlage →

❷ hinter der kleinen Mattig-Brücke links zum Ufer orientieren → zum Ort Hagenau mit Schloss → dort rechts und die zweite links in die Handelstraße →

❸ dann links halten in Richtung Aham → auf Radweg uferparallel bis Schloss Frauenstein (Biegt man hier links ab und überquert auf der Brücke den Inn, gelangt man zum Infocenter des Europareservat Unterer Inn 16) → rechts auf Frauensteinstraße einbiegen und nach etwa 700m links abbiegen →

❹ zwischen feldern durch Ober- und Untersunzing mit Schloss Sunzing fahren → am Straßenende bei Mamling links abbiegen →

❺ direkt hinter der Brücke über die Mühlheimer Ache links → entlang der Ache zum Innufer und diesem folgen →

Steinhiebl
Deisböck
94
Hilling
335
Bärenpark
Wald
Dantl am Hart
Wendlmuth
Hart
31 Malching
336
Voglarn
Riedenburger
St. Leonhard
Aigen
am Inn
Forstlehn
Dorflinde
Aufhausen
Maxlbauernmühle
Unterer
Inn
Europareservat
Holzhäuse
Irching
Inntal-
Kutschfahrten
Egglfing
am Inn
Staustufe
Egglfing/
Obernberg
Aussichts-
plattform
Thalham
275
Grub
INN
Katzenberg-
leithen
Schloss
Katzenberg
Gebetbuch-
museum
Katzenberg
Nonsbach
Barockstraße
Erlet
Kirchdorf
am Inn
335
Ufer
270
Mühlheim
am Inn
343
Schloss Mühlheim
Gaishofer Auen
Graben
Simetsham
361
Nonsbach
Öttl
Honigwirt
Angelsee
Ranftl
Gimpling
362

→ der Radweg führt duch die Gaishofer Auen und endet in Ufer bei Kirchdorf → geradeaus auf der ufernahen Straße →

❻ An der T-Kreuzung links → der Straße bis zur Kirche folgen und in der Rechtskurve beim Parkplatz links abbiegen → durch Katzenbergleithen → nach den Fischteichen auf der linken Seite links zum Innufer abbiegen und dem Weg bis zur Staustufe Egglfing/Obernberg folgen →

❼ auf der Zollamtstraße vorbei am Schwimmbad → am Altstoffsammelzentrum rechts → an der Kreuzung die Hauptstraße Vormarkt Ufer überqueren und links bergauf der Beschilderung des Innweges und des Marktplatzes folgen →

→ links auf die Therese Riggle Straße ins sehenswerte Zentrum von Obernberg am Inn (Wer kurz vorher die Innbrücke überquert erreicht Bad Füssing mit seinen vier Thermalwasser-Kureinrichtungen 17) → geradeaus über den Marktplatz und hinter dem Heimatmuseum links →

8 geradeaus und hinter der Schule rechts der Straße folgen → am Ortsende bergab zum Innufer → Gutenbach queren → links halten und dem Uferweg folgen bis → Reichersberg → vorbei an der Stiftskirche St.Michael → vor der Hauptstraße links nach Minaberg → dort die erste links auf den Innradweg zurück zum Innufer → geradeaus →

→ die Bründlkapelle passieren und weiter bis →

❾ Antiesen-Brücke → direkt links weiter auf dem Innradweg → nun zwischen Autobahn A8 und Inn →

❿ Beim Pumpwerk links über die kleine Brücke → Gasthaus zur 1000jährigen Linde passieren →

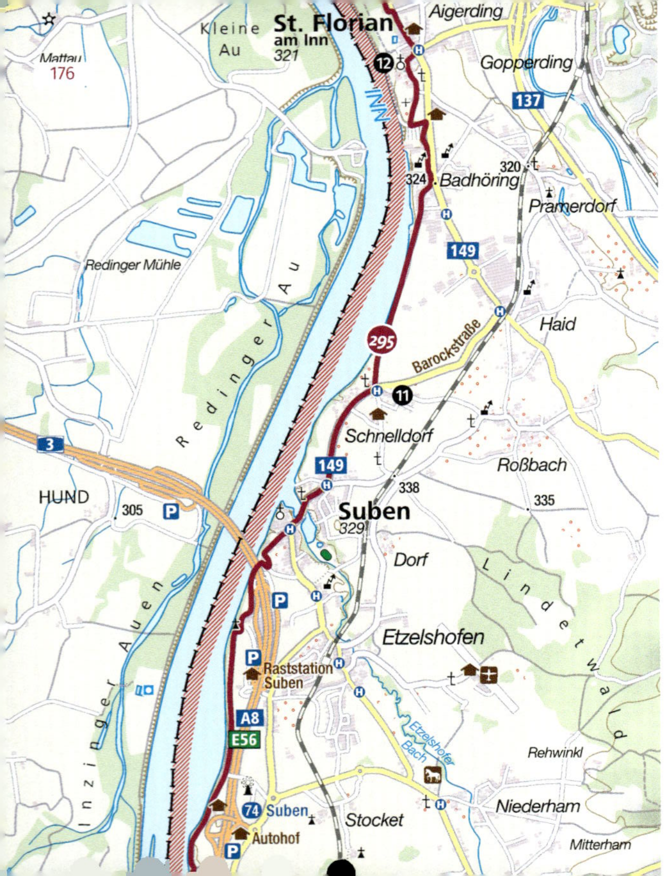

Raststationen passieren → Autobahn A8 unterqueren → Ort Stuben → immer links halten → auf B149 bis Schnelldorf →

⓫ hinter dem Gasthof Schnelldorf links zum Ufer → geradeaus bis Badhöring → Wasserkraftwerk passieren → neben der Hauptstraße bis Sankt Florian am Inn →

⓬ Im Kreisverkehr der Straße nach Schärding folgen → nach knapp 300m von der Straße links auf den Innradweg wechseln und diesem nach Schärding folgen → bei der Orangerie links halten → vorbei an der Alten Innbrücke in den Burggraben → Wieningerstraße → Passauer Tor → sofort links dann rechts auf den Innradweg → Neue Innbrücke Schärding unterqueren →

⓭ Über die Prambrücke und sofort links halten → dem Radweg zwischen Inn und Bahngleisen folgen bis →

Rotthof
Kopfsberg
Vornbach
Eglsee
Ortmaier
Hartlmühl
Voglmühle
Vornbacher Bach
Zwieselsberg
Döfreuth
Huttenthal
Krottenberg
Holzham
Euling
Eiching
Niederschärding
Pumstetten
Neuhaus am Inn
317
512
Sulzbach am Inn
Sulzbach
Höchfelden
Sulzbach-am Inn
Zeintlmühl
Neuhauser See
Schindelwöhr
Rott
Hartham
Wasen
Weihmörting
Goder
Kleine Au
St. Florian am Inn
Inn
Pram
VORSTADT
Stadtmuseum
SCHÄRDING
318
Kurvenwirt
Aigerding
314
Granitwerk
Marienthal
Gopperding
Stocket
Guppenberger
Weizenau
Gaisberger
Gaisberg
466
Troller
Höcking
Bubing
Fischer
Otterbach
Steininger
Löffler
Hänslau
BRUNNWIES
324
Schärding
Haraberg
Otterbach
136
Korneredt
Radenberg
Wirtshaus zur-Alm
Brunnenthal
383
Hueb
Dobl
372
ALLERHEILIGEN
KREUZBERG
Varonergut
388
Schmidbauerngut
Laina
Weidegut
476
Reikersberg
385
Hizingergut
409
Eggersham
Eggershamer Bach
Wieshamer Bach
Wiesham
Stöbichen
Rutzenberg
Schmidhaus
430
Sachsenberg
Schmidhansengut
Wagergut
Sachsenberger-Siedlung
328
342
349
361
311
360
320
400
401
300
13

⓮ Wernstein → links in die Innstraße einbiegen und Burg Wernstein passieren → vorbei am Mariensteg →

⓯ vor der Rechtskurve und der Unterquerung der Bahngleise, die Innstraße nach links verlassen → von der Herbert-Fladerer-Straße auf den Radweg fahren und Wernstein verlassen → direkt am Inn in Richtung Norden nach Passau fahren → nach etwa 5,7km erreicht man das Kraftwerk Passau-Ingling →

⓰ weiter geradeaus zwischen Bahn und Inn bis zum ehemaligen Grenzübergang → hinter dem Gleisübergang links der Voglau folgen → Friedhof passieren und die Kirche Sankt Severin umrunden → direkt hinter der Kirche links über den Innsteg die Flussseite wechseln → direkt rechts der Innpromenade folgen, um in die Altstadt von Passau sowie Höllgasse **19** zu gelangen.
(Alternativ zum Hauptbahnhof → nach dem Wechsel der Flussseite rechts in die Innstraße → links in Nikolastraße → geradeaus über Ludwigsplatz → links in Am Schanzl → rechts in Bahnhofstraße bis zum Hauptbahnhof.)
→ Die **Drei-Flüsse-Stadt Passau** **18** ist erreicht.

PASSAU
DONAU
INN
Ilz
Ilz-schleifen
Triftsperre
HALS
Sieglgut
Sieglberg
Rosenau
Laimgrub
GRUBWEG
Sulzsteg
Lindau
Unter-sölden
Ober-
Christdobl
ILZSTADT
Stromlänge
Straße der Kaiser u. Könige
Soldatenau
Nibelungenstraße
Achleiten
Lochdobl
Edt
Blaas
Breiteich
Straße der Kaiser und Könige
Ebnerhof
Klosterberg
Veste Oberhaus
Glasmus.
Dom
Veste Niederh.
Domschatzmus.
Dreiflüsseeck
Haibach
Freinberg
Weinbeißer
Hammerberg
Rosenau
Römerm. Kastell Boiotro
INNSTADT
Resch
Neustaming
Saming
Anzberg
Erledt
Aigen
Oberhaibach
Höh
Weg
Hanzing
Grinzing
Sägewerk Lehen
Gattern
Unedt
Erlenbach
Waldschloss
Mayrhof
Hagenbach
Ohrhalling
Lindenthal
Gschwendthannet
Voglau
Hamberg
Schwendt
Rad
Hof
Ingling
Kugelrad
Achleiten
Unter-
Ober-gscheid
Pyret
Abraham
Neuburger Wald
BADHAUS
Messegelände
Erlebnisbad
HAIDENHOF
Neuer Stadtpark
Hbf.
ZIEL
Anger
OBERHAUS
Ludwigshöhe
Schloss Freudenhain
HACKLBERG
Kuchlhof
Ries
Höflein
Dublhof
Wimhof
Ilztalbahn (Saisonverkehr)
Eck
Oberstadel
Wörth-links der Donau
MAIERHOF
Stelzlhof
Kachlet Kraftwerk
Unteröd
Hachlstein

Wer die **Tauernradwegrunde** absolvieren möchte fährt ab Salzburg entlang der Saalach flussaufwärts über Bad Reichenhall, Lofer, Saalfelden und Maria Alm am Steinernen Meer bis bis Zell am See. Von Zell am See gelangt man mit der Pinzgauer Lokalbahn bequem zurück zum Ausgangspunkt Krimml.

❶ Vom Franz-Hinterholzer-Kai etwa 80m flussaufwärts der Karolinenbrücke den Uferradweg verlassen (zwischen Bezirksgericht rechts und Künstlerhaus links) zur Hellbrunnner Str. → über Zebrastreifen und geradeaus auf Radweg entlang der Nonntaler Str. bis Kreuzung → entweder hier rechts der Nonntaler Str. bis Fürstenallee folgen, oder weiter geradeaus auf Petersbrunnstr. → hinter dem Parkplatz rechts in Erzabt-Klotz-Str. und vor der Linkskurve rechts ab (Beschilderung Altstadt Mitte) bis Fürstenallee → dort links einbiegen → rechts in Sinnhubstr. → hinter dem Teich links der Leopoldskroner Allee folgen → Schloss Leopoldskron rechts umrunden und am Weiher entlang in König-Ludwig-Str. → an T-Kreuzung rechts in Georg-N.v.-Nissen-Str. → in Rechtskurve geradeaus in Radweg → durch Felder → links in Moosstr. → geradeaus bis linker Hand die Kirche Maria Hilf zu sehen ist. 100m hinter der Kirche von der Moosstr. rechts in den Schwarzgrabenweg einbiegen und durch Felder bis vor die →

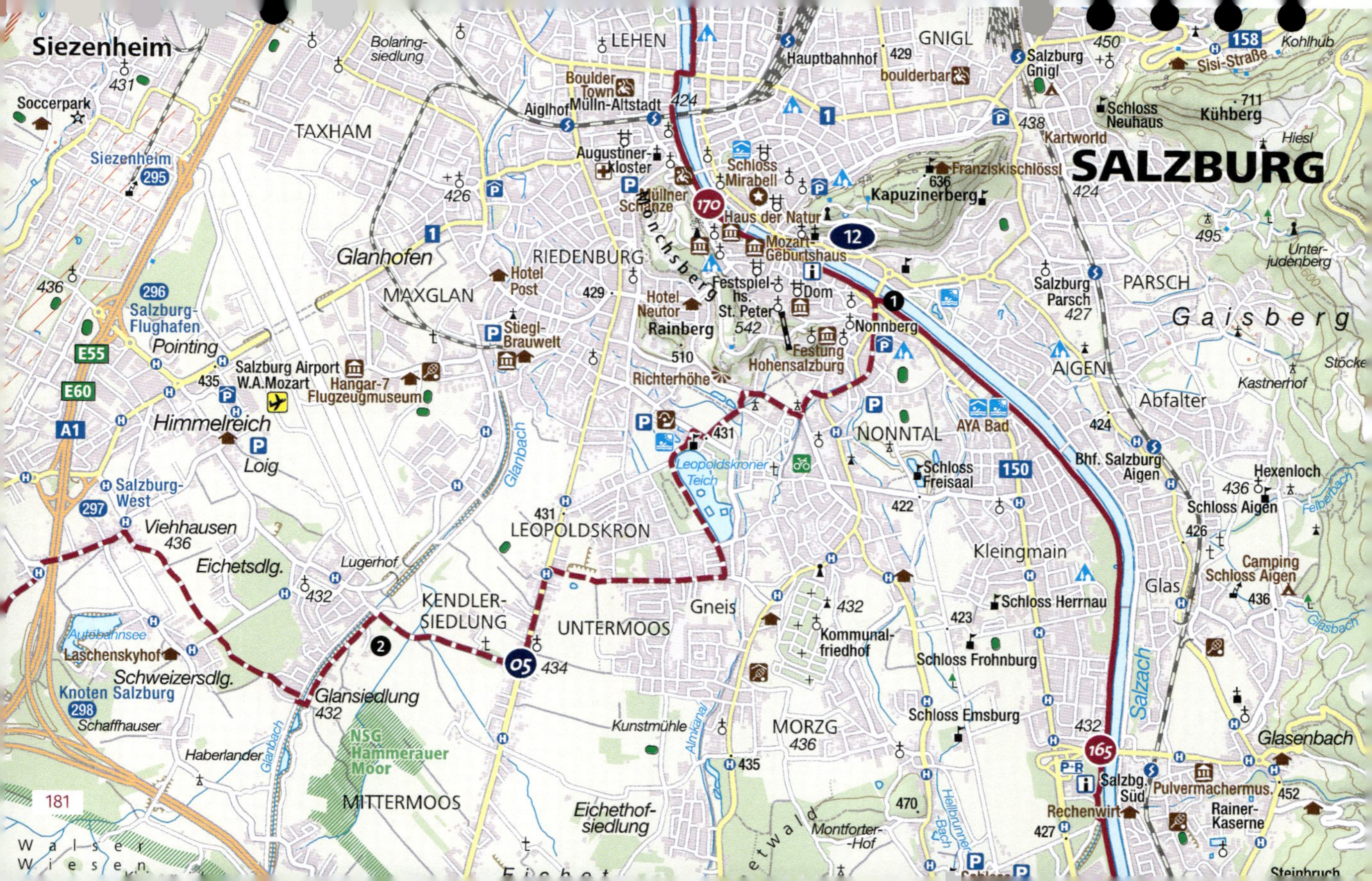
SALZBURG
Siezenheim
Soccerpark
Siezenheim 295
TAXHAM
Bolaring-siedlung
LEHEN
Boulder Town
Müllin-Altstadt
Aiglhof
Augustiner-kloster
Hauptbahnhof
GNIGL
boulderbar
Salzburg Gnigl
Schloss Neuhaus
Kühberg
Hiesl
Kohlhub
Sisi-Straße
158
Kartworld
Franziskischlössl
Kapuzinerberg
Schloss Mirabell
Haus der Natur
Mozart-Geburtshaus
Müllner Schanze
Mönchsberg
Festspiel-hs.
Dom
St. Peter
Nonnberg
Festung Hohensalzburg
Rainberg
Hotel Neutor
Richterhöhe
RIEDENBURG
Hotel Post
MAXGLAN
Stiegl-Brauwelt
Glanhofen
Salzburg-Flughafen
Pointing
Salzburg Airport W.A.Mozart
Hangar-7 Flugzeugmuseum
Himmelreich
Loig
Salzburg-West
Viehhausen
Eichetsdlg.
Lugerhof
Glanbach
Leopoldskroner Teich
LEOPOLDSKRON
KENDLER-SIEDLUNG
UNTERMOOS
Gneis
Glansiedlung
Autobahnsee
Laschenskyhof
Schweizersdlg.
Knoten Salzburg
Schaffhauser
Haberlander
NSG Hammerauer Moor
MITTERMOOS
Walser Wiesen
Kunstmühle
Almkanal
Eichethof-siedlung
MORZG
Kommunal-friedhof
NONNTAL
Schloss Freisaal
AYA Bad
Kleingmain
Schloss Herrnau
Schloss Frohnburg
Schloss Emsburg
Hellbrunner-Bach
Montforter-Hof
PARSCH
Salzburg Parsch
Gaisberg
Unter-judenberg
AIGEN
Abfalter
Kastnerhof
Stöcke
Bhf. Salzburg Aigen
Hexenloch
Schloss Aigen
Felberbach
Camping Schloss Aigen
Glas
Glasbach
Salzach
Glasenbach
Salzbg. Süd
Pulvermachermus.
Rainer-Kaserne
Rechenwirt
Steinbruch
E55
E60
A1
170
165
12
05

❷ Glanbrücke/Kendlerbrücke → hier links → nächste Brücke rechts und geradeaus durch die Glansiedlung → Waldstraße →geradeaus in Kapellenweg und bei Brunnen links in die Viehhauserstraße → Westautobahn A1 unterqueren und direkt danach links ab in die Goiserstraße → geradeaus und links halten in den Salzweg → Autobahn erneut unterqueren und danch direkt rechts →

❸ an der Weggabelung rechts über den Mackerbach → geradeaus und rechts halten bis zur Salzburger-Straße → dieser für 2km zum →

❹ Eingang des Salzburger Freilichtmuseums folgen (Das Museum liegt unmittelbar am Naturpark Untersberg **20**, um welchen sich zahlreiche Sagen und Mythen ranken)
→ Nach einem weiteren Kilometer an der Kreuzung rechts in Richtung Schloßberghof Marzoll / Golfplatz leicht bergauf durch Wald → rechts halten und über die Grenze nach Deutschland in den Ort Marzoll → links, dann rechts am Schloss Marzoll vorbei → geradeaus in Römerstraße und Grenzlandstraße nach Weißbach → über die kleine Weißbachbrücke → sofort links und wieder rechts dem Radweg durch Felder bis zum Siedlungsbeginn von Bad Reichenhall folgen → links auf Froschhamerweg → rechts in Mayerhofstraße → Marzoller Weg und links in die Salzburger Straße →

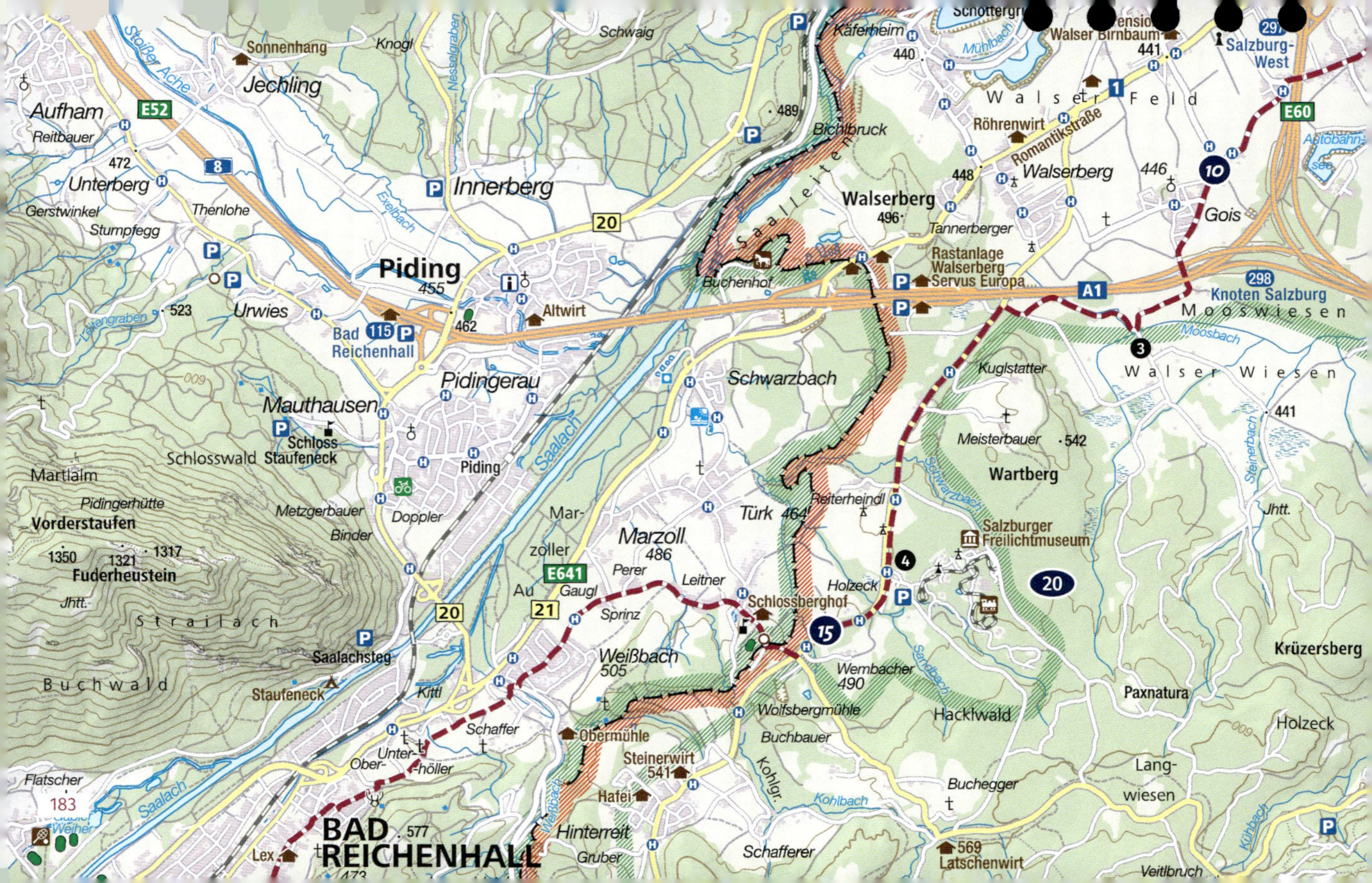
Salzburg-West
Walser Birnbaum
Walser Feld
Röhrenwirt
Romantikstraße
Walserberg
Gois
Knoten Salzburg
Mooswiesen
Moosbach
Walser Wiesen
Käferheim
Bichlbruck
Saalleiten
Walserberg
Tannerberger
Rastanlage Walserberg Servus Europa
Buchenhof
Kuglstatter
Meisterbauer
Wartberg
Schwarzbach
Salzburger Freilichtmuseum
Reiterheindl
Türk
Holzeck
Schlossberghof
Wernbacher
Sandbach
Hacklwald
Paxnatura
Krüzersberg
Holzeck
Lang-wiesen
Buchegger
Latschenwirt
Veitlbruch
Wolfsbergmühle
Buchbauer
Kohlgr.
Kohlbach
Schafferer
Marzoll
Leitner
Perer
Sprinz
Gaugl
Weißbach
Obermühle
Steinerwirt
Hafei
Hinterreit
Gruber
Schwaig
Knogl
Sonnenhang
Jechling
Innerberg
Exelbach
Nesselgraben
Altwirt
Piding
Pidingerau
Saalach
Mar-zoller
Au
Schaffer
Kittl
Unter-höller
Ober-
BAD REICHENHALL
Lex
Bad Reichenhall
Mauthausen
Schloss Staufeneck
Doppler
Metzgerbauer
Binder
Saalachsteg
Staufeneck
Urwies
Schlosswald
Thenlohe
Stoißer Ache
Aufham
Reitbauer
Unterberg
Gerstwinkel
Stumpfegg
Martlalm
Pidingerhütte
Vorderstaufen
Fuderheustein
Straillach
Buchwald
Flatscher

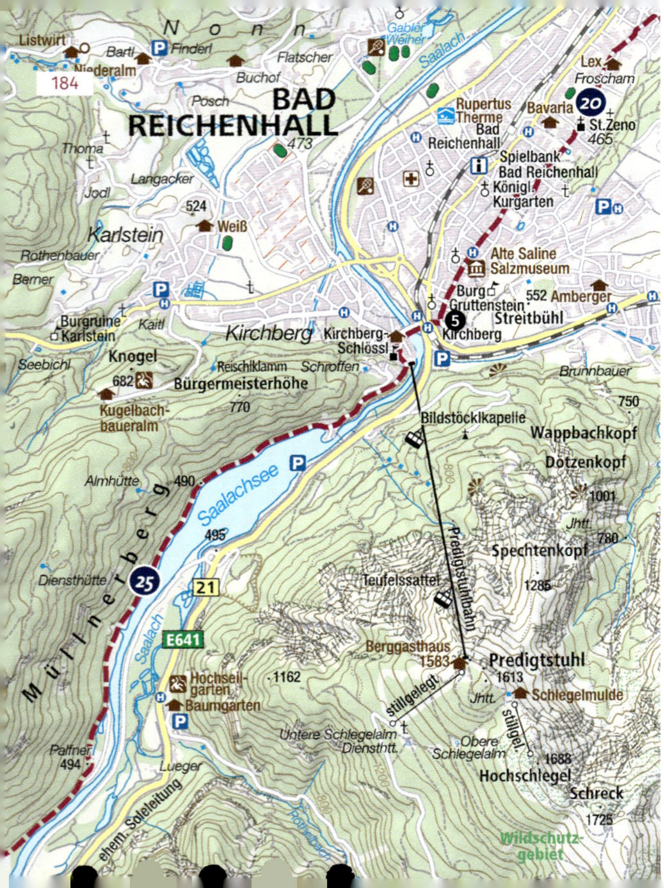

Kapitel 6: „Tauernradwegrunde“

→ dieser bis in die Innenstadt folgen → Ludwigstraße → Salinenstraße → Tiroler Straße nach rechts folgen →

5 nach rechts zur Unterführung der zwei Hauptstraßen und der Gleise → über die Luitpoldbrücke die Saalach überqueren → links in die Kiblinger Straße einbiegen und dieser vorbei an der Talstation der Predigtstuhlbahn folgen → vorbei an der Staumauer Kibling und geradeaus in den Kiblinger Weg entlang vom Saalachsee unterhalb vom Müllnerberg → bis zur Siedlung Fronau

GRUSS aus REICHENHALL
VERLAG von CARL GREWING, BAD REICHENHALL. W.u.V., L. No 4332.

Postkarte
An
in
Wohnung
(Straße und Hausnummer)

Schneizlreuth
516
Ulrichsholz
Wurznwirt
Ghf. Schneizlreuth
Müllnerberg
Deutsche Alpenstraße
Fronau
Saalachtal
500
Saalach
ehem. Soleleitung
Unter-
jettenberg
Kienberg
1028
699
694
Futterhof
601
Botenbichl
21
Saalach
Maßbach
Pichler's Forellenräucherei
576
Lenzenbauer
Wendelberg
959
Ristfeucht
Motzenwirt
Melleck
Haider-
hof
Oberjettenberg
637
Eisbach
Wehrtechnische
Anlage
Dolomitwerk
NSG
Schwarzbach
600
Bucher Brücke
Schwarzbachwald
Alphorn
1656
Laufsattel
1698
Übeleck
1649
Vockenstein
Hirscheck
1787
Wartsteinkopf
1758
Truppenübungsplatz
Bärenkareck
Scherneck
Rastnock-Diensthtt.
853
Aschauer
Klamm
519
Dachs
522
Zenau
Keßler
529
554
Schotterwerk
Keßlerhörndl
Persilkopf
995
994
Schwaigeralm
Keßleralm
Jagdhtt.
940
Diensthtt.
NSG
Aschau
Aschau
Aschauer Bach
Achberg
1316
Achhorn
1311
853
Achbergtunnel
Steinpass
588
Pichler
Stub'n am Steinpass
Schilcher
Ennsmann
539
E641
Steinatrium
Niederland
178
Family Resort Post
Mörtl
Egger-
kreuz
Heimatmus.
Entache
Unken
563
Jahnwald
Gsengköpfl
1463
Pichlerberg
1097
Steinbachgraben
Roßkarbach
Grindberg
1025
Gämersberg
1035
829
Sellarnalm
Sellarn-Diensthtt.
Kranzkogel
1241
Wurzalm
(verf.)
Sellarnhütte
(verf.)
Diensthtt.
1569
1566
Kranzbergkogel
1226
Stephansjoch
Steinbachalm
(verf.)
Diensthtt.
Rauner Kopf
1135
960
Auf den Teyern
Diensthtt.
(verf.)
1476
Bogenhorn
1290
Bogenhorn-
Diensthtt.
Rabensteinhorn
1373
1363

❻ am Ortsende bei der Station Saalachtal links über die Brücke → danach links zur Unterquerung der B21 und direkt rechts durch Unterjettenberg → dann links und etwa 150m der Hauptstraße/ Deutsche Alpenstraße B305 folgen → rechts in Feldweg einbiegen und rechts halten bis zum Saalachufer → geradeaus bis zur

❼ Brücke bei Schneizlreuth → parallel zur Sallach bis Halderhof → rechts halten und Grenze überqueren → durch Wald und Steinbruch bis zur nächsten Brücke → diese überqueren und links auf der Straße die B178 überqueren → geradeaus auf Unkener Landesstraße durch Niederland nach Unken → weiter geradeaus auf Loferer Bundesstraße →

❽ kurz hinter dem Ortsausgangsschild rechts auf den straßenbegleitenden Radweg fahren und diesem folgen → den Unkenbach queren und links halten parallel zur Saalach und B178 → vorbei an der Festung Kniepass → nach etwa 4km vorbei an einer Saalachbrücke → rechts halten und weiter auf Straße → links halten zwischen Bundesstraße und Saalach und bald wieder weiter auf Radweg bis →

❾ Lofer 22 → der separate Radweg endet kurz nach Siedlungsbeginn → Auf die Straße nach links einbiegen, direkt rechts halten und geradeaus in das Zentrum von Lofer über die ausgeschilderte Einfahrt Nord / Faistau → Loferbach überqueren und weiter geradeaus bis die Loferer Straße gekreuzt wird → hier rechts →

❿ direkt hinter dem Hotel Lintner links und geradeaus bis Hochmoos → vor der Kreuzung der Bundesstraße 311 rechts auf Radweg → geradeaus durch St. Martin bei Lofer und vor der B311 wieder rechts auf den Radweg → diesem bis zur B311-Brücke und ein Kanal der Saalach folgen →

⓫ hier nicht geradeaus über die Brücke, sondern rechts parallel zum Kanal fahren → geradeaus bis →

⓬ Rastplatz Vorderkaser. Hier links halten, den Schiedergraben überqueren und parallel zur B311 → vorbei an der Lamprechtshöhle und die Saalach bei Weißbach bei Lofer überqueren → rechts halten, die B311 überqueren und auf dem straßenbegleitenden Radweg den Ort verlassen → durch Frohnwies und einie Zeit direkt am Waldrand weiter →

Weißbach bei Lofer
665
Naturpark
Weißbach
Hintertal
Hochkranz
1953
Kletterei
Kühkranz
1811
Farmauriedel
1641
Kallbrunnalm
Kallbrunn
1454
Wildschutzgebiet
Weißbachwald
Weißbachalm
Ehmahd Reit
1120
Kammerlingalm
Falleck 1283
980
Almerlebnisbus Hirschbichl (Mai bis Okt.)
Stockklaus
915
Lohfeyer
Holzschmalzwand
Tretalmen
Gerhardstein
1541
Götschstein
1536
1454
Schattseittret
Goldener Zweig
Schabmoos
Pürzlbach
1044
Heubadehof
Seisenbergklamm
Wandbauer
Möschlalm
ÖAV-Ferienwiese
Höhlengaststätte Lamprechtshöhle
Wieser
Schöne Aussicht
Lindauwald
Frohnwies
Brechlplatte
Asen
Brechlbach
Mühlau
Fußstein
Mähderwand
Mittergwänd
Kopfstein
1528
1493
Gwand
Gramler
Dießbachfall
Saalach
Schornberg
668
Hacker
60
Roßkarwand
Jhtt. Ebersberg
1424
Riesenkogel
Gamskar
1935
Lahnerhorn
2019
Haitzmannscharl
1846
Mähderschneidgraben
Schiderwald
Schidergraben
Vorderkaserkgraben
1310
Hundsfuß
1236
Hundsfußalm
Kleberau
Haitzmann
Schider
658
Obsthurn
55
12
Naturbadeanlage Vorderkaser
Dettlinger
Kleber
Brunngraben
626
Dürnberger
Dürnberger Wald
Ödenberg
1205
Almbergalm
1131
Vorderkaserklamm
730
Bachstube
1072
Vorderkaserkopf
Roßruck
935
796
Roßruckklamm
Radfahr-Verbot!
Ödenbach
Dürrschüttgraben
Hochwart
Dalsenalm
924
Brunnbach
Schüttach
Griesenbach
Jhtt.

Kapitel 6: „Tauernradwegrunde“

⓭ Der Radweg verläuft oberhalb vom Kraftwerk Dießbach → führt am ÖAMTC Fahrsicherheitszentrum und Golfclub vorbei → über den Buchweissbach bis zum Ort Wiesing → dort links halten und sich parallel zum Kalmbach von der B311 entfernen → bei Bachwinkl rechts →

⓮ den Kalmbach queren und nach 200m links über Wiesen bis die Lichtenbergstraße gekreuzt wird → geradeaus in die Anton-Wallner-Straße, vorbei an zwei Kirchen → hinter der Konditorei Pichlmaier rechts in die Obsmarktstraße und weiter ins Zentrum von →

⓯ Saalfelden am sogenannten „Steinernen Meer“ 21. Links durch die Lofererstraße und vorbei an der Stadtpfarrkirche →

(Unsere Route führt nun nach Osten über Maria Alm. Eine schnellere Variante zurück zur Saalach verläuft von hier in Richtung Süden, vorbei am Ritzensee, durch den Kollingwald und weiter über Bsuch)

→ beim Florianbrunnen links halten in die Ramseiderstraße und dieser bis Ramseiden folgen → hinter den beiden Kapellen (Feichtenkapelle und Schuetterwirtskapelle) direkt rechts bis Rain → dort links und links halten bis zur Brücke über den Kraller Bach nach Maria Alm am Steinernen Meer →

(Hier bietet sich ein Ausflug mit dem Bus nach Hinterthal an. Dort startet der Rundwanderweg zum Naturdenkmal Triefen Wasserfall. 23)

⓰ Am Dorfplatz mit Wallfahrtskirche Maria Alm rechts in die Dorfstraße → Almdorfstr. → links über die Brücke und für 350m der Hochkönigstr. talwärts folgen → hinter

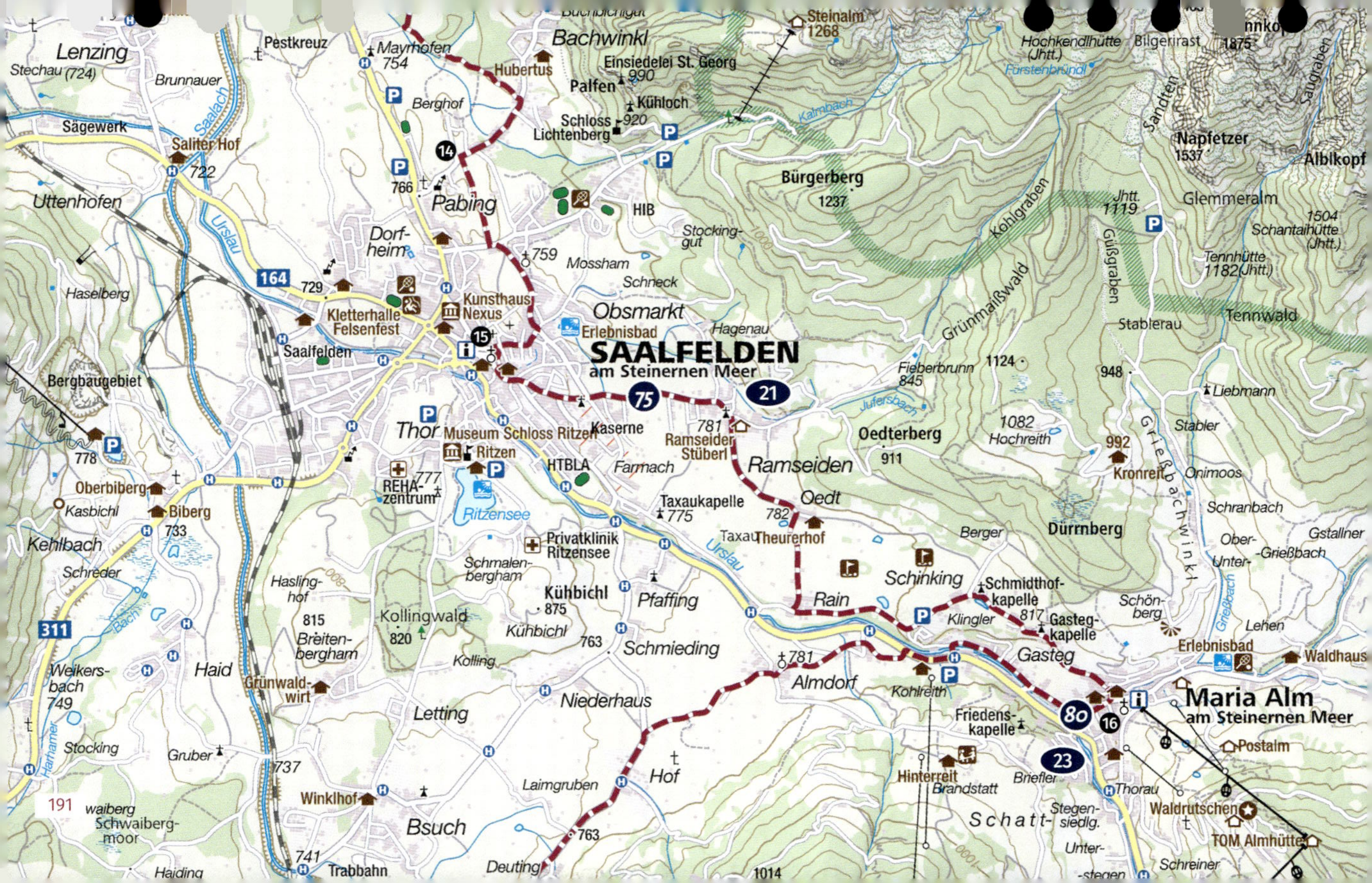
SAALFELDEN
am Steinernen Meer
Maria Alm
am Steinernen Meer
Lenzing
Stechau (724)
Pestkreuz
Brunnauer
Sägewerk
Saliter Hof
722
Uttenhofen
Haselberg
Bergbaugebiet
778
Oberbiberg
Kasbichl
Biberg
733
Kehlbach
Schreder
Weikers-
bach
749
Stocking
Gruber
Haid
Grünwald-
wirt
737
Winklhof
741
Trabbahn
Haiding
Schwaiberg-
moor
Mayrhofen
754
Berghof
Hubertus
Bachwinkl
Einsiedelei St. Georg
990
Palfen
Kühloch
Schloss
Lichtenberg
920
Steinalm
1268
Pabing
766
Dorf-
heim
729
Kletterhalle
Felsenfest
Saalfelden
Kunsthaus
Nexus
HIB
759
Mossham
Schneck
Stocking-
gut
Obsmarkt
Erlebnisbad
Hagenau
Thor
Museum Schloss Ritzen
Ritzen
REHA-
zentrum
777
Ritzensee
Kaserne
HTBLA
Farmach
Ramseider
Stüberl
781
Ramseiden
Oedt
782
Taxau
Theurerhof
Taxaukapelle
775
Privatklinik
Ritzensee
Schmalen-
bergham
Hasling-
hof
815
Breiten-
bergham
Kollingwald
820
Kolling
Kühbichl
875
Pfaffing
Schmieding
763
Letting
Niederhaus
Bsuch
Laimgruben
Deuting
Hof
781
Almdorf
1014
Bürgerberg
1237
Kalmbach
Grünmaißwald
Kohlgraben
Fieberbrunn
845
1124
Oedterberg
911
Jufersbach
1082
Hochreith
Rain
Schinking
Berger
Klingler
Schmidthof-
kapelle
817
Gasteg-
kapelle
Gasteg
Kohlreith
Friedens-
kapelle
Hinterreit
Brandstatt
Briefler
Schatt-
Stegen-
siedlg.
Unter-
stegen
Dürrnberg
Kronreit
992
Onimoos
Grießbachwinkl
Schranbach
Ober-
Unter-
Grießbach
Gstallner
Schön-
berg
Lehen
Erlebnisbad
Waldhaus
Postalm
Waldrutschen
TOM Almhütte
Thorau
Schreiner
948
Liebmann
Stabler
Stablerau
Tennwald
Gußgraben
Jhtt.
1119
Glemmeralm
Tennhütte
1182(Jhtt.)
Schantaihütte
(Jhtt.)
1504
Napfetzer
1537
Albikopf
Sandten
Saugraben
Hochkendlhütte
(Jhtt.)
Fürstenbründl
Bilgerirast
1875
Saalach
Urslau
164
311

Kapitel 6: „Tauernradwegrunde“

den Hinterreitliften links → Almdorf → Hof → Deuting → Ruhgassing → Gerling →

⓱ beim Oberhausgut vor dem Waldrand rechts und über die Saalach → direkt hinter der Brücke links → bis zur nächsten Brücke und den Fluss erneut überqueren → nun auf der Straße nach rechts → Gleise queren und durch den Ort Maishofen über Kammererstraße → geradeaus in Mayerhoferstraße →

⓲ Gleise erneut queren und sofort dahinter rechts → gleisnah durch Badhausfeld → vorbei an Schloss Prielau → Thumersbachstraße überqueren und rechts auf die Prielaupromenade einbiegen → die letzten 2 km führen direkt am Ufer des Zeller Sees bis →

⓳ ins Zentrum von Zell am See.

Schrambachkopf
(Sonnkogel)
1856
Sonnkogel
Bergrestaurant
Wankrautkopf
1762
Wankrautalm
Schmiedhofalm
Oberreitgraben
Oberreit
1335
Badhauskopf
Badhaus
1516
Glockerwand
1539
Salersbachköpfl
1934
Jhtt.
1380
Blaickner's
Sonnalm
Sonnenalmbahn
Hochzelleralm
Schmittenbach
Schmittenhöhe
Ederhütte
Schmittenhöhebahn (SO+WI)
Hinterfalleck
Drachenflieger-
Startplatz
TrassXpress
Breitenbach
AlpineResort
937
Berghotel
Jaga-Alm
Sonnberg
Seewirt
Pfefferbauer
759
Einödsdlg.
Bade- und
Freizeitzentrum
SCHMITTEN
Breiteckalm
(nur Winter)
1767
Wageneck
Köhlergraben
Areit III
Speicher-
see
Schmidolins
Feuertaufe
cityXpress
994
Ebenbergalm
Zell a.S.
Mittel-
station
Plettsauberg
1295
1600
Glocknerhaus
Speichersee
„cityXpress“
Schüttbach
Schmidolins
Feuertaufe
E-Motocross
Park
Areit II
Jhtt.
Entwies Alm
Areitalm
1395
Bruckberg
Keilberg
311
AreitXpress
929
Aufhausenbach
Dürnbg
1300
Peilgut
Schüttho
Schoberalm
Bruch
BRUCKBERG
Limberghof
Aufhausen
Bruckberg
60
65
95
19
ZELL
am See
757
Zeller See
Badhausfeld
Point
Schloss
Prielau
Schloss Prielau
Wieshof
Wiesenlehen
Dechants-
hofen
Reiteralm
1240
Pointner Berg
1303
1283
1442
Griessalm
Mitterberghof
Hochschleipf
Pichl
Stoffen-
hof
Zorn
Grießbauer
Reithgut
Thumersbach
Alpkendlbauer
Mitteralpkendl
Alpkendlgraben
842
Gschwendtgraben
Speisenmeisterei
Kulturzentrum
Lohninghof
THUMERS-
BACH
Bellevue
Seestrand
Enzianhütte
1300
Ronachkogel
1326
Ronach-
bauer
Todlingalpe
760
Erlhof
Hahneckkogel
1857
Jagdhütte
ERLBERG
Erlbruck
Granisiedlung
NSG
SCHÜTTDORF
1368
Erlhofplatte
1507
Hundsbach
Jagereck
Scheggriedel

Zeit den Akku aufzuladen

Deine Radreise soll ein unvergessliches Erlebnis werden. Dazu gehört auch das Aufladen der Akkus sowohl von Mensch als auch Maschine. Verlässliche und aktuelle Informationen hierzu finden sich auf den Seiten der Tourismusverbände und Tourist-Information der Orte.

ANREISE & ABREISE

Alle Start- und Zielorte sind mit Bus und Bahn zu erreichen. Die Mitnahme von Fahrrädern in Zügen/Bussen wird allerdings sehr unterschiedlich gehandhabt und ist zeitlichen Einschränkungen unterworfen. Informiere dich deshalb vorab:

Deutsche Bahn
www.bahn.de/service/individuelle-reise/bahn_und_fahrrad

TOURENPLANUNG

Beachte bei der Tourenplanung, dass viele stadtnahe Radwege an Wochenenden und Feiertagen stark frequentiert sind. Reserviere deine geplanten Übernachtungen vorab, vor allem wenn du mit mehreren Personen oder in der Hochsaison unterwegs bist. Informationen zu Übernachtungsmöglichkeiten kannst du auf den Seiten der jeweiligen Tourismusverbände finden.

UNTERWEGS MIT KINDERN

Passe die Fahrstrecke den Bedürfnissen und Fähigkeiten deiner Kinder an. Durch die Flache Wegführung und die vielen Einkehrmöglichkeiten direkt am Weg sind alle Abschnitte für Kinder geeignet. Nutze die lohnenswerten Schlenker und andere interessante Ausflugsziele unterwegs (Tier- und Naturparks, Badeseen, Minigolfanlagen usw.) um die Radtour abwechslungsreich zu gestalten. Genügend zu Trinken, etwas Obst und vor allem Badesachen sollten nicht fehlen.

ZENTRALE INFORMATIONSSTELLEN

SalzburgerLand Tourismus GmbH
Tel. +43(0)662/66880,
www.salzburgerland.com

Bahn & Rad
Tel. +43(0)51717 (ÖBB) und
+43(0)662/66880
(Pinzgauer Lokalbahn),
www.tauernradweg.com

ORTE & TOURISMUSBÜROS

ANIF
Gästeservice Anif
Aniferstraße 10
A-5081 Anif
Tel. +43 (0)624672365
www.anif.info

BAD FÜSSING
Kur- & GästeService
Rathausstr. 8
94072 Bad Füssing
Tel. (0)8531-975580
www.badfuessing.de

BAD REICHENHALL
Tourist-Info im Kurgastzentrum
Wittelsbacher Str. 15
83435 Bad Reichenhall
Tel. (0)8651715110
www.bad-reichenhall.com

BISCHOFSHOFEN
Tourismusverband
Salzburger Str. 1
A-5500 Bischofshofen
Tel. +43 (0)6462-2471
www.bischofshofen.com

BRAMBERG A. WILDKOGEL
Tourismusverband
Stoitznergasse 3
A-5733 Bramberg a. W.
Tel. +43 (0)6566/7251
www.wildkogel-arena.at

BRAUNAU
Tourismus Braunau a.Inn
Stadtplatz 2
A-5280 Braunau am Inn
Tel. +43 (0)7722-62644
www.tourismus-braunau.at

BRUCK/GROSSGLOCKNER
Tourismusverband
Großglockner-Zellersee
Raiffeisenstr. 2
A-5671 Bruck
Tel. +43 (0)6545/7295
www.grossglockner-zellersee.info

BURGHAUSEN
Burghauser Touristik GmbH
Stadtplatz 99
84489 Burghausen
Tel. (0)8677-887140
www.tourismus.burghausen.de

GOLLING
Tourismusverband
Markt 85, A-5440 Golling
Tel. +43 (0)6244-4356
www.golling.info

GROSSGMAIN
Tourismusverband
Salzburgerstraße 469
A-5083 Großgmain
Tel. +43 (0)62478278
www.grossgmain.info

HALLEIN
Tourismusverband
Mauttorpromenade 6,
A-5400 Hallein-Pernerinsel
Tel. +43 (0)6245/85394
www.hallein.com

KAPRUN
Touristeninformation
Salzburgerplatz 6
A-5710 Kaprun
Tel. +43 (0)65478080
www.kaprun.at

KRIMML
Tourismusverband
Oberkrimml 37
A-5743 Krimml
Tel. +43 (0)6564/72390
www.krimml.at

LOFER
Tourismusverband
Salzburger Saalachtal
Lofer Nr. 310
Tel. +43 (0)6588/8321
www.lofer.com

MITTERSILL
Tourismusverband
Mittersill-Hollersbach-
Stuhlfelden
Mittersill Plus GmbH
Stadtplatz 1
5730 Mittersill
Tel. +43 (0)6562/40869
www.mittersill.at/tourismus

NIEDERNSILL
Tourismusverband
Jesdorferstr. 1
A-5722 Niedernsill
Tel. +43 (0)6548/8232
www.piesendorf-niedern-sill.at

PASSAU
Touristinformation
Rathausplatz 2
(Neues Rathaus) und
Bahnhofstraße 28
Tel. +49(0)851/396610
www.tourismus.passau.de

PFARRWERFEN
Tourismusverband
Dorfwerfen 4
A-5452 Pfarrwerfen
Tel. +43 (0)6468/5390
www.pfarrwerfen.at

PIESENDORF
Tourismusverband
Dorfstraße 263
A-5721 Piesendorf
Tel. +43 (0)66549/7239,
www.piesendorf.at

SAALFELDEN
Saalfelden Leogang
Tourismus
Mittergasse 21a
A-5760 Saalfelden
Tel. +43 (0)6582/70660
www.saalfelden-leogang.at

SALZBURG
Tourist Info Mozartplatz
Mozartplatz 5
A-5020 Salzburg
Tel. +43 (0)662-88987330
www.salzburg.info

Tourist Info Hauptbahnhof
Südtiroler Platz 1
A-5020 Salzburg
Tel. +43 (0)662-88987340

SCHWARZACH
Tourismusverband St. Veit
– Schwarzach
Salzleckerstraße 8
5620 Schwarzach
+43 6415 7520
www.sonnenterrasse.at

IMPRESSUM

© KOMPASS-Karten, A-6020 Innsbruck (22.01)
1. Auflage 2022 Verlagsnummer 6934 ISBN 978-3-99121-333-8

Text: Kristina Erhard/G'spür Contentagentur

Titelbild: Mountainbiketour Pinzgau – Unken (© SalzburgerLand Tourismus)

S. 4/5	© nauke13 – stock.adobe.com
S. 6/7	© Celine Fülle on Unsplash
S. 6	© Andi Steiner on Unsplash
S. 8/9	© Tourismus Salzburg GmbH
S. 10/11 oben	© Anja Streng – Pixabay
S. 10/11 unten	© Kurt Bouda – Pixabay
S. 28/29, 86/87 oben, 130/131	© SalzburgerLand_TomSon
S. 30/31	© Wildkogel-Arena Neukirchen & Bramberg
S. 31	© Wald1siedel, CC BY SA-3.0. / Entsättigt
S. 32	© Wolfgang Kritzinger, CC BY-SA 3.0.
S. 33	© Daniel J. Schwarz on Unsplash
S. 34/35 oben	© Salzburger Freilicht Museum
S. 34/35 unten	© Wald1siedel, CC BY SA-3.0. / Entsättigt
S. 36/37	Public Domain
S. 38 oben	© Museum Bramberg/ Huber Fotografie
S. 38 unten	© Wald1siedel, CC BY-SA 3.0. / Entsättigt
S. 39	© Museum Bramberg/ Huber Fotografie
S. 40	© Klaus Germann, CC BY-SA 3.0. / Entsättigt
S. 41	© Wald1siedel, CC BY-SA 4.0. / Entsättigt
S. 42 oben	© WOKRIE, CC BY-SA 4.0. / Entsättigt
S. 42/43	© Kassandro, CC BY-SA 4.0. / Entsättigt
S. 43	© George Yohng, CC BY-SA 3.0. / Entsättigt
S. 44/45	© GRAND HOTEL ZELL AM SEE
S. 46/47	© Zell am See-Kaprun Tourismus
S. 46	© GRAND HOTEL ZELL AM SEE
S. 47	© GRAND HOTEL ZELL AM SEE
S. 48 oben	© Nico Becker – Pexels
S. 48 unten	© Bru-nO
S. 49	© Gregorini Demetrio, CC BY-SA 3.0. / Entsättigt
S. 50/51	© Arne Müseler, CC BY-SA 3.0. / Entsättigt
S. 52	© Hubertl, CC BY-SA 3.0. / Entsättigt
S. 53	© 'Einer flog zu Weit', CC BY-SA 3.0. / Entsättigt
S. 54	© Thomas Ledl, CC BY-SA 4.0. / Entsättigt
S. 55	© Gasteinertal Tourismus GmbH, moodley
S. 56/57 oben	© Frestad, CC BY-SA 4.0. / Entsättigt
S. 56/57 unten	© Bauer Karl, CC BY 3.0. / Entsättigt
S. 57	© BSonne, CC BY-SA 3.0. / Entsättigt
S. 58	© Anton-kurt, CC BY-SA 3.0. AT / Entsättigt
S. 59	© Anton-kurt, CC BY-SA 3.0. AT / Entsättigt

S. 61	© TVB St. Johann in Salzburg
S. 60	© TVB St. Johann in Salzburg
S. 62	© Tourismus Salzburg GmbH
S. 63	© Tourismus Salzburg GmbH
S. 64/65	© mawieser, CC BY-SA 3.0. / Entsättigt
S. 65	© Aat van den Heuvel, CC BY 3.0. / Entsättigt
S. 66/67	© Mario Stockhausen
S. 68/69	© Sebastian Mittermeier on Unsplash
S. 70	© Leo Wehrli, CC BY-SA 4.0.
S. 71	© A. Löber, CC0 1.0
S. 72/73	© Christa Kramer, CC BY-SA 3.0. AT / Entsättigt
S. 73	© Hubertl, CC BY-SA 3.0.
S. 74	© Arne Müseler, CC BY-SA 3.0. DE /Entsättigt
S. 74/75	© Sead Dedić on Unsplash
S. 75	Public Domain due to age.
S. 76/77 oben	© Michael Höller, CC BY-SA 3.0. /Entsättigt
S. 76/77 unten	Public Domain due to age.
S. 77	© Herzi Pinki, CC BY-SA 4.0.
S. 78, 79	© Waldbad Anif
S. 80/81	© Genusskrämerei
S. 82/83	© Loveearthandfeelit, CC BY-SA 4.0.
S. 84/85	© Jiuguang Wang, CC BY-SA 3.0.
S. 84	Public Domain due to age.
S. 85	© Tourismus Salzburg
S. 86 unten	© Arne Müseler, CC BY-SA 3.0. DE
S. 88	© HGT64, CC BY-SA 4.0.
S. 89	© Michael Burgholzer, CC BY-SA 4.0.
S. 90/91	© H.Helmlechner, CC BY-SA 4.0.
S. 90	© Frank-2.0, CC0 1.0
S. 91	© Holger Uwe Schmitt, CC BY-SA 4.0.
S. 92	© Michael Kranewitter, CC BY-SA 3.0.
S. 93 oben	© Inn-Salzach Tourismus
S. 93 unten	© H.Helmlechner, CC BY-SA 4.0
S. 94/95	© Inn-Salzach Tourismus
S. 94	© SimonWaldherr, CC BY-SA 4.0
S. 96/97	© WEDER & NOCH GmbH & Co. KG
S. 98/99	© Johann Dirschl – DIRSCHL.com GmbH
S. 99	© Kur- & GästeService Bad Füssing
S. 100	© Anja Streng – Pixabay
S. 101	© Hans Braxmeier – Pixabay
S. 102/103 oben	© Johann Dirschl – DIRSCHL.com GmbH
S. 102	© Oberösterreich Tourismus GmbH/Hermann Erber
S. 102/103 unten	© SalzburgerLand Tourismus
S. 105	© Kur- & GästeService Bad Füssing
S. 104/105	© Johann Dirschl – DIRSCHL.com GmbH
S. 107	© Kur- & GästeService Bad Füssing
S. 106/107	© Kur- & GästeService Bad Füssing
S. 108/109	© Schorle, CC BY-SA 4.0.

S. 119	© Johann Dirschl – DIRSCHL.com GmbH
S. 110/111	© Freie kommerzielle Nutzung
S. 111	© Pixaby
S. 112	© Aisano, CC BY-SA 4.0.
S. 114/115	© Weingut Passau
S. 116/117	© Matthias Kabel, CC BY-SA 3.0.
S. 118/119	© A. Huber, CC0
S. 120	© Luitold, CC BY-SA 3.0.
S. 121 oben	© Günter Seggebäing, CC BY-SA 3.0
S. 121 unten	Public domain
S. 122	© Günter Seggebäing, CC BY-SA 3.0
S. 123	© Günter Seggebäing, CC BY-SA 3.0
S. 125	© Arne Müseler, CC BY-SA 3.0
S. 124	© Pinzgauer, CC BY-SA 3.0 AT
S. 126	© Rudi234, CC BY-SA 3.0 AT
S. 127	© Christoph Rossmeissl, CC BY-SA 3.0 AT
S. 128/129	© fullmarketing.at GmbH
S. 145	© Bernd Thaller, CC BY 2.0
S. 169	CC0 1.0 Universal Public Domain Dedication
S. 173	© Brück & Sohn Kunstverlag Meißen, CC BY-SA 3.0
S. 185	Public Domain due to age.
S. 194, 197, 199, 201	© Kur- & GästeService Bad Füssing

Grafische Herstellung: G'spür Contentagentur
Kartenausschnitte: © KOMPASS-Karten GmbH
Kartengrundlage für Extra-Tourenkarte: © MairDumont, D-73751 Ostfildern 4

Alle Angaben und Tourenbeschreibungen wurden nach bestem Wissen gemäß unserer derzeitigen Informationslage gemacht. Die Radtouren wurden sehr sorgfältig ausgewählt und beschrieben, Schwierigkeiten werden im Text kurz angegeben. Es können jedoch Änderungen an Wegen und im aktuellen Naturzustand eintreten. Radfahrer und alle Kartenbenützer müssen darauf achten, dass aufgrund ständiger Veränderungen die Wegzustände bezüglich Befahrbarkeit sich nicht mit den Angaben in der Karte decken müssen. Bei der großen Fülle des bearbeiteten Materials sind daher vereinzelte Fehler und Unstimmigkeiten nicht vermeidbar. Die Verwendung dieses Radreiseführers + Extratourenkarte erfolgt ausschließlich auf eigenes Risiko und auf eigene Gefahr, somit eigenverantwortlich. Eine Haftung für etwaige Unfälle oder Schäden jeder Art wird daher nicht übernommen. Für Berichtigungen und Verbesserungsvorschläge ist die Redaktion stets dankbar. Korrekturhinweise bitte an folgende Anschrift:

KOMPASS-KARTEN GMBH
Karl-Kapferer-Straße 5, A-6020 Innsbruck
www.kompass.de/service/kontakt

FSC www.fsc.org MIX Papier aus verantwortungsvollen Quellen FSC® C018236